ANTOLOGIA POETICA

FEDERICO GARCIA LORCA

PLAZA & JANES EDITORES, S. A.

Foto del autor archivo de Plaza & Janés Editores, S. A.

Tercera edición en este formato: mayo, 1995

© 1981, Herederos de Federico García Lorca
© De la selección, prólogo y notas: Allen Josephs
Editado por Plaza & Janés Editores, S. A.
Enric Granados, 86-88. 08008 Barcelona

Printed in Spain – Impreso en España

ISBN: 84-01-42300-7
Depósito legal: B. 19.940 - 1995

Impreso en Romanyà Valls, S. A.
Verdaguer, 1. Capellades (Barcelona)

L 423007

FEDERICO GARCÍA LORCA, POETA UNIVERSAL

> *Porque en el principio de la literatura está el mito, y asimismo en el fin.*
>
> J. L. BORGES: «Parábola de Cervantes y de Quijote.»

En la literatura española de este período de nueva brillantez que algunos críticos han calificado como segundo Siglo de Oro, una de las voces más puras y originales –y también la más oída en traducción– es la de Federico García Lorca. Su extraordinario éxito mundial poco tiene que ver, como antes solía afirmarse, con su martirio a manos de verdugos políticos. Tampoco se debe al tipismo andaluz. Al contrario, su insólita popularidad –lejos de pertenecer a esferas superficiales de política o «pandereta»– se basa en su profundo arraigo en la vieja tierra mediterránea. En este sentido podemos ver a Lorca como el arquetípico artista hispánico moderno, como un guía que nos señala una dirección alternativa o contraria al destino aparente de nuestro tiempo.

El arte hispánico ha sido muchas veces profundamente antirracional, como, por ejemplo, cuando Unamuno pronunció con desdén su famosa frase contra la *kultura*: «Que inventen ellos.» España –país marginado desde la época de Felipe II, fuera de la gran corriente europea que fluye con aparente naturalidad desde el humanismo renacentista al racionalismo dieciochesco y al positivismo decimonónico– no participó en las grandes revoluciones religiosas, sociopolíticas y científicas que se suelen indicar como hitos en la historia occidental.

Ahora, hacia finales del siglo veinte, sabemos que la progresión de la Edad Media a nuestra época tecnológica –esa mezcla de humanismo, racionalismo y positivismo que nos ha dado nuestra actual sociedad de consumo o lo que quizá con más precisión podríamos denominar racionalismo materialista– no es tan natural o tan sin peligro como hubiésemos querido. Y son precisamente ciertos artistas quienes señalan con más rigor que el camino que vamos siguiendo no es la única vía a una vida de plenitud.

Gran parte del arte moderno no lo es en absoluto. Aunque quizá parezca una anomalía, una de las piedras fundamentales del arte moderno es justamente el primitivismo o arcaísmo, dos fenómenos –desde un punto de vista antropológico– parecidos. (*Les Demoiselles d'Avignon*, ese cuadro ibérico y africano de Picasso es un conocido ejemplo de esta doble tendencia.) Esta primordialidad, digamos, «descubierta» en el siglo veinte, consecuencia de la continua rebelión que solemos llamar Romanticismo, viene a ser una manifestación clarísima de la falta de fe de muchos de nuestros artistas occidentales en la razón del racionalismo o en la lógica del progreso.

La vanguardia primordialista es análoga a otros «descubrimientos» del siglo veinte como el subconsciente individual de Freud, el inconsciente colectivo de Jung, la antropología estructuralista de Levi-Strauss, la religión comparada tal como la estudia Mircea Eliade, la crítica literaria que deviene del conjunto de ellos, el estudio de fenómenos parapsicológicos y ocultos, el estudio psicofisiológico de la naturaleza de los dos hemisferios del cerebro humano, e infinidad de campos relacionados. Resumiendo, podríamos afirmar con cautela que el arte de esta índole pertenece a la práctica mientras que los demás campos pertenecen a la teoría. Por falso que pueda parecer el primordialismo «aprendido» o «postizo» de un artista del siglo veinte, no cabe duda que su creación es una animada respuesta a la condición humana en la que se encuentra ese mismo artista. Lo atávico o lo telúrico no constituyen gratuitos elementos folklóricos: más bien componen un reto a lo que suele considerarse la norma del mundo occidental desarrollado.

Ese atavismo o primordialidad que hemos perdido en la sociedad contemporánea llega a obsesionar a gran número de los artistas de nuestra época. Desde un Gauguin a un Robert Graves –dos ejemplos entre muchísimos posibles– encontramos en pintura y en literatura, temas y motivos primitivos, arcaicos, telúricos, ctónicos, antirracionales, místicos, panteístas, intuitivos, hieráticos y míticos, que denuncian de diversas formas el estado antiespiritual del mundo moderno. Este antiespiritualismo, es decir, este racionalismo materialista, significa una condición humana fragmentada, parcial, manca. Tan es así que el subsiguiente sentido de alienación o marginación ha llegado a constituir el «mensaje» más urgente de nuestro siglo.

No es casual, dada su exclusión de las revoluciones europeas, que España haya sido un centro de rebelión contra la norma occidental. En gran parte del país –sobre todo en la España campesina antes de la Guerra Civil– las normas europeas modernas eran desconocidas por la gran mayoría de los habitantes. En la Andalucía de la época de Lorca este fenómeno –resultado de siglos de pobreza, opresión y marginación– que podríamos calificar de «amoderno», era quizá más pronunciado que en ninguna parte de Europa, sobre todo si tenemos en cuenta el contraste que forman la vetusta cultura andaluza, que Ortega calificó certeramente como la más antigua de Occidente, y la civilización –para emplear la distinción de Spengler– o *kultura* moderna. No es en absoluto casual –valga la repetición– que Andalucía haya sido la patria chica de un García Lorca o de un Picasso, tan entregados los dos al sentido primario del arte.

Si ahondamos en las obras de los dos, igual que en la obra de Juan Ramón Jiménez o en la de Vicente Aleixandre, los andaluces Nobel, lo que encontramos bajo las superficies cubistas surrealistas, modernistas, vanguardistas o popularistas, es el río subterráneo de la vieja sensibilidad andaluza, un profundo panteísmo, un sentido atávico de la vida y de la muerte que continuamente nos remite a caminos más antiguos o más naturales y que parece brotar de forma espontánea de la tierra andaluza.

Este fenómeno mítico y atávico, panteísta y místico, hierático, intuitivo y antirracional, telúrico y ctónico, primitivo y arcaico, todo a la vez, es, cuando se dan con pureza y sin pretensiones, cuando se encuentra con naturalidad y sin trampas, lo que los andaluces quieren decir con la sola palabra: *duende*. El lector crítico y racional tiene que sustituir una docena de palabras cultas para explicar lo que Lorca o cualquier *cabal*, o «entendido», capta perfecta y totalmente en una sola.

El *duende* significa –sobre todo entendido a través de una bellísima conferencia de Lorca que se titula «Teoría y juego del duende»– una teoría del arte.[1] Y esa teoría lleva de forma implícita el conjunto de la docena de palabras que acabamos de emplear. Explicó Lorca claramente que

---

1. *Obras completas*, Madrid, Aguilar, vigésima edición, 1977, vol. I, págs. 1097-1109. En lo sucesivo indico volumen y página dentro del texto.

el *duende* es «el espíritu de la tierra», que produce «un entusiasmo casi religioso», que es un «poder misterioso que todos sienten y que ningún filósofo explica», y que viene de un «fondo común incontrolable y estremecido». También afirmó que «no es casualidad todo el arte español ligado con nuestra tierra». El *duende*, escribió Lorca, es «el misterio, las raíces que se clavan en el limo que todos conocemos, que todos ignoramos, pero de donde nos llega lo que es sustancial en el arte». Forma de vida, teoría del arte, credo personal: estas palabras claves de su ensayo más característico nos dan un resumen breve pero acertadísimo de la obra completa de Lorca. «Sólo el misterio nos hace vivir –escribió al pie de uno de sus dibujos–. Sólo el misterio.» (I, 1288.)

Ahora bien, algo sabemos ya sobre ese «fondo común incontrolable y estremecido», que no es una vaga noción poética inventada por Lorca sino una descripción inexacta de un conocido fenómeno psicológico. Llámese «hemisferio derecho» o «cerebro antiguo» o «cerebro medio» o «subconsciente» o «inconsciente» o «intuición», o llámese simplemente «fenómeno X», como lo designó Colin Wilson,[2] sabemos que existe una «región» cerebral, un «modo» no racional de conciencia, que figura sustancialmente en el proceso creativo y que muchos artistas describen como la «inspiración». El *duende*, tal como lo describió Lorca, es esa misma inspiración, esa *in-spiración*, «soplo divino», que según Lorca produce «un entusiasmo casi religioso», esto es *enthousiasmos*, «inspiración divina». El poeta y el pintor –los chamanes soterrados de Occidente– viven, y han vivido desde los tiempos más remotos, de esa inspiración, de esa «región» cerebral no racional y no fácilmente asequible. Cuanto más viven y crean de ella, cuanto más *enduendados*, es cuando más auténticos y primarios parecen y son.

Todo esto lo sabía a la perfección Lorca que no sola-

2. Colin Wilson, *The Occult: A History*, New York, Random House, 1971.

mente escribía de esa forma sino que llegó también a teorizar todo el fenómeno, como tan bien prueban sus magistrales y muy pensados ensayos. Cualquier lector cuidadoso de ellos rechaza en seguida la falsa visión del alegre folklorista andaluz, para llegar a través de un estudio detenido de toda su obra a una visión del artista como mago, esto es *magus*, «sabio». Por eso Lorca distingue perfectamente entre musa o ángel y *duende*. Da un puntapié, como él explica, a la musa y al ángel para dejar paso a su *duende*, al «espíritu de la tierra», a ese «poder misterioso que todos sienten y que ningún filósofo explica», a lo que equivale a su inconsciente o a aquella región cerebral –«fenómeno X»– que produce un sentido mágico, hierático y sagrado del arte.

En varias ocasiones Lorca describe ese fenómeno de inspiración poética en términos que conviene repasar, pues junto con lo que he citado sobre el *duende*, componen de la forma más nítida sus creencias poéticas. El primer ejemplo viene de su conferencia «Las nanas infantiles» y describe el sentido poético del niño:

> Un creador que posee un sentido poético de primer orden. No tenemos más que estudiar sus primeros juegos, antes de que se turbe de inteligencia, para observar qué belleza planetaria los anima, qué simplicidad perfecta y qué misteriosas relaciones descubren entre cosas y objetos que Minerva no podrá descifrar nunca... Está dentro de un mundo poético inaccesible, donde ni la retórica, ni la alcahueta imaginación, ni la fantasía tienen entrada; planicie de los centros nerviosos al aire, de horror y belleza aguda, donde un caballo blanquísimo, mitad de níquel, mitad de humo, cae herido de repente con un enjambre de abejas clavadas de furiosa manera sobre sus ojos.
>
> Muy lejos de nosotros, el niño posee íntegra la fe creadora y no tiene aún la semilla de la razón destructora. Es inocente y, por tanto, sabio. Comprende, mejor que nosotros, la clave inefable de la sustancia poética (I, 1082-1083.)

Por un lado manifiesta el efecto negativo del pensamiento consciente y racional: *antes de que se turbe la inteligencia...*, dice y *no tiene aún la semilla de la razón destructora*. Y por otro, pone en evidencia *la belleza planetaria, la simplicidad perfecta, la fe creadora y la clave inefable de la sustancia poética*. El niño, *inocente* y, *por tanto, sabio*, vive todavía en aquella región cerebral prelógica, en la intuición pura en la que todavía las cosas conservan su prístina y mágica atracción, y en la que todavía son perfectas y poéticas.

Es obvio que Lorca considera que el adulto es un ser «estropeado». Esto es porque ve al hombre como un ser imperfecto: es aquel alienado, aquel marginado que piensa únicamente con su conciencia, y esta conciencia impide su viaje a –o vivencia en– la región poética. El niño no está «estropeado» todavía porque –*antes* de desarrollarse su conciencia– vive inmerso en un mundo intuitivo donde las cosas no tienen explicación lógica: «Es inocente y, por tanto, sabio.» Según esa lógica poética la intuición equivale a la sabiduría innata y la razón a la ignorancia aprendida. El niño no es un engañado ni un desengañado, sino un preengañado. Decirlo de esa forma puede causar extrañeza, pero no cabe duda que ésa es la lección poética que nos quiere enseñar. El niño forma todavía parte de la naturaleza que le rodea, el hombre, no. Y la nostalgia de niñez en el poeta equivale a nuestra nostalgia cultural por el mundo perdido del «jardín» o de la «edad de oro».

En la otra cita importante que quiero traer a colación, y que se parece bastante a la última, expresa Lorca una estupenda visión del momento creador, llevándonos otra vez a esa «región» especial y mágica que nada tiene que ver con el pensamiento normal. Aunque la cita viene de su ensayo «La imagen poética de don Luis de Góngora», es obvio, pues lo admite, que está hablando de su propio proceso de creación, proceso no ya del niño sino del poeta maduro:

El poeta que va a hacer un poema (lo sé por experiencia propia) tiene la sensación vaga de que va a una cacería nocturna en un bosque lejanísimo... Delicados aires enfrían el cristal de sus ojos. La Luna, redonda como una cuerna de blando metal, suena en el silencio de las ramas últimas. Ciervos blancos aparecen en los claros de los troncos. La noche entera se recoge bajo una pantalla de rumor. Aguas profundas y quietas cabrillean entre los juncos... Hay que salir. Y éste es el momento peligroso para el poeta. El poeta debe llevar un plano de los sitios que va a recorrer y debe estar seguro frente a las mil bellezas y las mil fealdades disfrazadas de belleza que han de pasar delante de sus ojos. Debe tapar sus oídos como Ulises frente a las sirenas y debe lanzar sus flechas sobre las metáforas vivas, y no figuradas o falsas, que le van acompañando. Momento peligroso si el poeta se entrega, porque, como lo haga, no podrá nunca levantar su obra. El poeta debe ir a su cacería limpio y sereno, hasta disfrazado. Se mantendrá firme contra los espejismos y acechará cautelosamente las carnes palpitantes y reales que armonicen con el plano del poema que lleva entrevisto. Hay, a veces, que dar grandes gritos en la soledad poética para ahuyentar los malos espíritus fáciles que quieren llevarnos a los halagos populares sin sentido estético y sin orden ni belleza. (I, 1043-1044.)

Este bosque mágico no cabe la menor duda que representa aquella «región» que asociamos con la intuición o el inconsciente. No es un bosque cualquiera sino *el bosque*, ese mismo bosque que se halla tan frecuentemente en mitos y leyendas y cuentos folklóricos. En su diccionario de símbolos J. E. Cirlot afirma que el simbolismo del bosque equivale al simbolismo de la Gran Madre o del *principio femenino*, esto es, en términos psicológicos, el inconsciente en toda su ambivalencia.

Estas dos regiones intuitivas que se dan en el niño todavía no «formado» y en el poeta, el «niño eterno», tienen mucho en común: *mundo poético inaccesible / bosque leja-*

nísimo; horror y belleza aguda / las mil bellezas y las mil fealdades disfrazadas de belleza; caballo blanquísimo / ciervos blancos; y sobre todo el mismo aire encantado y hermético –cerrado al mundo racional y cotidiano– que tan palpitantemente se respira en las dos «regiones». Lejanía, ambivalencia, animales totémicos y míticos por excelencia, ¿qué duda puede caber que Lorca nos proporciona dos «cuadros» perfectos de aquella región? En el mismo ensayo sobre Góngora también explicó que «se vuelve de la inspiración como se vuelve de un país extranjero. El poema es la narración del viaje. (I, 1045). Y en una entrevista en 1936, hizo otro comentario muy interesante que trata la misma cuestión: «La creación poética es un misterio indescifrable, como el misterio del nacimiento del hombre. Se oyen voces no se sabe dónde, y es inútil preocuparse de dónde vienen» (II, 1083). No, no se sabe dónde, en un sentido literal, pero en sentido figurado se sabe –y Lorca sabía– perfectamente, aunque no podría «explicarlo» de modo racional.

Si aceptamos las correspondencias entre *misterio / entusiasmo / espíritu de la tierra / poder misterioso que todos sienten y que ningún filósofo explica / fondo común incontrolable y estremecido / intuición / «principio femenino» / inspiración / bosque psíquico / inconsciente / «fenómeno X» / viaje / voces no se sabe dónde*, es decir, si aceptamos que todas esas palabras describen versiones o facetas de un solo fenómeno que en el arte he denominado primordialidad, que antropólogos o historiadores de la religión llamarían *numinosidad* o *sacralidad*, y que Lorca explicaría como efecto del *duende*, entonces podemos ver que hay una relación estructural directa entre un modo intuitivo o inspirado de hacer poesía y primordialidad. Para decirlo de otra forma, la primordialidad en el arte es el resultado de haber visto, como en una visión intuitiva o una intuición visionaria, la «cosa» descrita o pintada o hecha en la obra de arte. La inspiración o la intuición –llámese como se llame, equivale a *ver* la cosa tal como nunca se ha *visto*

13

antes y tal como se *ve* en esa otra «región» del cerebro– es un «lugar» desde donde se vuelve, dijo Lorca, como de un país extranjero, es decir, como de un sitio desconocido. Luego de hacer el «viaje» se escribe el poema, porque ahora, después de la inspiración o la intuición, se entiende algo que no se entendía antes.

Si examinamos un poco más a fondo el comentario sobre el «viaje», entenderemos perfectamente:

> *El estado de inspiración es un estado de recogimiento, pero no de dinamismo creador. Hay que reposar la visión del concepto para que se clarifique. No creo que ningún gran artista trabaje en estado de fiebre. Aun los místicos trabajan cuando ya la inefable paloma del Espíritu Santo abandona sus celdas y se va perdiendo en las nubes. Se vuelve de la inspiración como se vuelve de un país extranjero. El poema es la narración del viaje. La inspiración da la imagen, pero no el vestido. Y para vestirla hay que observar ecuánimemente y sin apasionamiento peligroso la calidad y sonoridad de la palabra.* (I, 1045-1046.)

No es nada casual la comparación con los místicos. Lorca no es un místico en el sentido ortodoxo, pero sí es un *poeta místico*: primero la visión primordial, después la fijación de la palabra adecuada. Como él mismo decía en una entrevista, «Todas las cosas tienen su misterio, y la poesía es el misterio que tienen todas las cosas» (II, 1076).

Ahora bien, por un lado Lorca habla como poeta místico, pero por otro lado también suena a veces a poeta realista. Esta aparente paradoja se manifiesta en varias entrevistas donde hizo importantes declaraciones que merecen examinarse brevemente:

> *Amo a la tierra. Me siento ligado a ella en todas mis emociones. Mis más lejanos recuerdos de niño tienen sa-*

bor de tierra. La tierra, el campo, han hecho grandes cosas en mi vida. Los bichos de la tierra, los animales, las gentes campesinas, tienen sugestiones que llegan a muy pocos. Yo las capto ahora con el mismo espíritu de mis años infantiles. (II, 1021.)

Mis primeras emociones están ligadas a la tierra y a los trabajos del campo. (II, 1022.)

Toda mi infancia es pueblo. Pastores, campos, cielo, soledad. Sencillez en suma. Yo me sorprendo mucho cuando creen que esas cosas que hay en mis obras son atrevimientos míos, audacias de poeta. No. Son detalles auténticos, que a mucha gente le parecen raros (II, 1040.)

Yo no concibo la poesía como abstracción, sino como cosa real existente, que ha pasado junto a mí. Todas las personas de mis poemas han sido. (II, 1076.)

¿Cómo resolvemos esta aparente paradoja o contradicción? En primer lugar tenemos que ver el comentario que hizo a continuación. Primero había dicho «Todas las personas de mis poemas han sido», y entonces explicó: «Lo principal es dar con la llave de la poesía. Cuando más tranquilo se está, entonces, ¡zas!, se abre la llave, y el poema acude con su forma brillante» (II, 1076). He separado los dos comentarios porque creo que se refirieron a dos hechos completamente distintos, el primero a la autenticidad o la no fantasía de los personajes y objetos de su obra, y el segundo al trance inspirado en el que se concibe la visión poética de ese ser o de esa cosa que luego saldrá «trascendido» en el poema. Desde luego, lo que Lorca afirma aquí está del todo de acuerdo con lo que examinamos anteriormente. Y es interesante apuntar que el periodista que hizo la entrevista le describió –precisamente en el momento de proferir estas palabras– en estos términos: «El poeta se ha metido más dentro de sí mismo. Sus ojos, vistos por mí en el espejo de la pared de enfrente, miran sin mirada.» (II, 1076.)

No nos equivoquemos. Lorca empleó, y empleó como nadie, la realidad suya, la realidad del campo andaluz y la realidad de la cultura campesina andaluza que le rodeaban, pero no por ello puede considerarse su obra «realista».

Al contrario, el proceso de llevar poéticamente la realidad que el poeta encuentra en torno suyo a un nivel trascendental, pertenece más bien a un concepto de poesía mítica. Además, esa realidad, la Andalucía vetusta y campesina que Lorca solía llamar «la cultura de sangre», se prestaba de manera especial a este proceso de mitificación. Esa realidad –de la que emanan el toreo, el cante jondo y romerías como las de Moclín, inspiración de *Yerma*, o del Rocío– es la cosa menos «realista» o «racional» del mundo occidental contemporáneo. O, para decirlo de otra forma, ese mundo, ese microcosmos andaluz, era el lugar de Occidente que más *numinosidad* o más *sacralidad* había conservado, sobre todo en la época de Lorca.

Como muy certeramente había captado cien años antes Richard Ford –uno de los pocos extranjeros que entendió lo que vio en Andalucía y en toda la España campesina por extensión–, como bien captó Ford, que era muy aficionado al mundo clásico, Andalucía todavía conservaba intacta parte de su antigüedad. Esta conservación es precisamente lo que Caro Baroja quiso señalar en *Los pueblos de España* cuando escribió: «Un pueblo andaluz es un museo vivo en el que hay desde rasgos del Neolítico hasta otros de origen recientísimo.»[3] Ese «museo vivo», ese viejísimo mundo mediterráneo, estaba lleno de los arcanos que Lorca, hierofante triunfal, celebraba en su obra.

¿Por qué hierofante? Porque Lorca celebraba ese mundo que le rodeaba de forma muy personal. La combina-

3. Julio Caro Baroja, *Los pueblos de España*, Madrid, ISTMO, 1975, Vol. II, pág. 133. El libro de Ford se llama, *A Handbook for Travellers in Spain* (1845).

ción de su manera *numinosa* o mística de concebir la poesía, y aquella realidad primordial de Andalucía que tan eficazmente el poeta sacaba a relucir constantemente en su obra, no pudo dar otro resultado que poesía de tono marcadamente panteísta, pero Lorca nos creó una visión especial de ello, sacando a propósito todo lo que tenía de mítico, de antiguo, de pagano, de «lo otro», de *sacralidad*, de *duende*. Si fuese un ortodoxo, tendríamos que llamarle arcipreste poético, pero como es conscientemente pagano, el único término que le sienta bien es hierofante, es decir, celebrante de misterios especiales de su propio mundo inmemorial.

Lorca parece haber sido consciente de su papel poético desde muy joven. En el prólogo de su libro juvenil de prosa, *Impresiones y paisajes*, escrito cuando tenía diecinueve años, escribió esta frase reveladora: «Hay que ser religioso y profano. Reunir el misticismo de una severa catedral gótica con la maravilla de la Grecia pagana» (I, 840). La cita revela, a pesar de la juventud del poeta, cierta conciencia, aunque todavía bastante vaga, de elementos místicos y elementos paganos, combinación antiquísima y muy andaluza que da casi inevitablemente ese panteísmo tan «suyo» de Andalucía. Con el paso del tiempo Lorca iría convirtiendo esa vaga noción espiritual en una obra poética profundísima, concebida desde el principio como una obra panteísta y orgánica en la que el elemento místico –lejos del castillo interior de una Santa Teresa– se expresaría como una compenetración con la Naturaleza.

En una entrevista en 1934, Lorca habló por primera vez en público de esa compenetración:

> *Es la primera vez que hablo de esto, que siempre ha sido mío solo, íntimo, tan privado, que ni yo mismo quise nunca analizarlo. Siendo niño, viví en pleno ambiente de Naturaleza. Como todos los niños, adjudicaba a cada cosa, mueble, objeto, árbol, piedra, su personalidad. Conversaba con*

ellos y los amaba. En el patio de mi casa había unos cho-
pos. Una tarde se me ocurrió que los chopos cantaban. El
viento, al pasar por entre sus ramas, producía un ruido va-
riado en tonos, que a mí se me antojó musical. Y yo solía
pasarme las horas acompañando con mi voz la canción de
los chopos... Otro día me detuve asombrado. Alguien pro-
nunciaba mi nombre, separando las sílabas como si dele-
treara: «Fe...de...ri...co...» Miré a todos lados y no vi a na-
die. Sin embargo, en mis oídos seguía chicharreando mi
nombre. Después de escuchar largo rato, encontré la razón.
Eran las ramas de un chopo viejo, que, al rozarse entre
ellas, producían un ruido monótono, quejumbroso, que a
mí me pareció mi nombre. (II, 1019-1020.)

Ese oído que tenía para escuchar todas las voces secre-
tas de la Naturaleza es uno de los elementos más destaca-
bles de su obra poética. Nunca dejó de oír todo lo que la
Naturaleza le brindaba. Y aunque la anécdota, tal como la
cuenta Lorca, puede parecer un poco «literaria», la prueba
está en toda su obra, desde los primeros poemas hasta los
últimos que escribió, muchos de ellos escritos en las Huer-
tas del Tamarit y de San Vicente, a la sombra de los cho-
pos que todavía bordean las orillas del Genil en las afueras
de Granada.

Donde mejor podemos apreciar todo este fenómeno
poético de Lorca resumido, es en unos párrafos de su en-
sayo «Imaginación, inspiración, evasión». En el primero
pone en evidencia el gran deseo panteísta o naturalista del
poeta:

Oye el fluir de grandes ríos; hasta su frente llega la fres-
cura de los juncos que se mecen «en ninguna parte». Quie-
re sentir el diálogo de los insectos bajo las ramas increí-
bles. Quiere penetrar la música de la corriente de la savia
en el silencio oscuro de los grandes troncos. Quiere com-
prender el alfabeto Morse que habla al corazón de la mu-
chacha dormida. (I, 1066.)

El poeta trata de expresar este mundo con su imaginación, pero la imaginación es insuficiente: «la imaginación sola –afirma– no llega jamás a esas profundidades» (I, 1037). Entonces, para expresar ese mundo –ese mundo tan inconfundiblemente suyo– para llegar a esas profundidades, ¿qué hace? Ya sabemos, casi, la contestación:

> Pero el poeta que quiere librarse del campo imaginativo, no vivir exclusivamente de la imagen que producen los objetos reales, deja de soñar y deja de querer. Ya no quiere, ama. Pasa de la «imaginación», que es un hecho del alma, a la «inspiración», que es un estado del alma. Pasa del análisis a la fe. Aquí ya las cosas son porque sí, sin efecto ni causa explicable. Ya no hay términos ni límites, admirable libertad.
>
> Así como la imaginación poética tiene una lógica humana, la inspiración poética tiene una lógica poética. Ya no sirve la técnica adquirida, no hay ningún postulado estético sobre el que operar; y así como la imaginación es un descubrimiento, la inspiración es un don, un inefable regalo. (I, 1067.)

Ya estamos otra vez en el reino del duende, ese reino de visión privilegiada, donde, según el poeta, «están ya en tierna intimidad los volcanes, las hormigas, los céfiros y la gran noche apretándose la cintura con la Vía Láctea» (I, 1109).

El que conoce a fondo su obra y su mundo y la perfecta y orgánica compenetración de los dos sabe que, a través de esa compenetración, el poeta –mago, místico, hierofante, pero sobre todo poeta con *duende*– no nos da simplemente una visión de su Andalucía, sino una visión de una Andalucía trascendental y, por tanto, universal. La selección de poemas para esta antología corresponde, pues, a esa universalizada interpretación orgánica y *enduendada*. En todo momento he buscado el poema o los poemas que mejor representen esa realidad trascendental tan aparente a lo largo de su obra. Por tanto no he seguido un criterio de cronología absoluta –si existe tal cosa en la obra de Lorca–, sino un criterio de unidad temática y formal que da una configuración más idónea.

Hace veinticinco años don Francisco García Lorca comentó agudamente que la obra de su hermano tenía la espontaneidad, la consecuencia y la unidad de un árbol, y que todas las obras posteriores se anunciaban ya en su primer libro de poemas.[4] Al lector no familiarizado con la poesía muy temprana de Lorca, sorprenderá la prefiguración de la totalidad de su obra que contienen los ocho poemas de *Libro de poemas* que se han incluido en la antología. Esa «mártir andaluza» del primero, «Elegía», escrito cuando el poeta tenía veinte años, anuncia toda una serie de mujeres no amadas –sobre todo doña Rosita– desde Soledad Montoya hasta las hijas de Bernarda Alba, al mismo tiempo que introduce el motivo dionisíaco-andaluz que satura su obra:

> *Te vas por la niebla del otoño, virgen*
> *como Inés, Cecilia, y la dulce Clara,*
> *siendo una bacante que hubiera danzado*
> *de pámpanos verdes y vid coronada.*

«Madrigal de verano» introduce a la gitana como avatar de perfección primordial y presenta esa poderosa sensualidad que empapará la mayoría de su poesía. Ya desde el principio se puede apreciar una mezcla de elementos naturales y sinestesia que vendrá a ser una característica de su visión animista:

4. En su prólogo a *Three Tragedies of Federico García Lorca*, Nueva York, New Directions, 1955, pág. 5.

¿Cómo a mí te entregaste, luz morena?
¿Por qué me diste llenos
de amor tu sexo de azucena
y el rumor de tus senos?

«Balada de un día de julio» es un poema popular y mítico a la vez, como tantos poemas posteriores. La historia de un «caballero errante» –¿el poeta?– y una «Isis soñadora», otra mujer en busca de su amor, es también una presentación delicadísima del tema de la *Liebestod*, es decir, del amor-muerte, uno de los temas más importantes de su obra:

–Adiós, mi doncellita,
rosa durmiente,
tú vas para el amor
y yo a la muerte.

Esquilones de plata
llevan los bueyes.

Mi corazón desangra
como una fuente.

Uno de los poemas tempranos más importantes, «Chopo muerto», sugiere una identificación completa entre el árbol y el poeta:

¡Chopo viejo!
Has caído
en el espejo
del remanso dormido.
Yo te vi descender
en el atardecer
y escribo tu elegía
que es la mía.

«La luna y la muerte» personifica a ese personaje tan misterioso y tan cargado de sentido mítico que es la luna. Este poema, con su funesta asociación luna-muerte, constituye la prefiguración clarísima de «Romance de la luna, luna» y del tercer acto de *Bodas de sangre*. Igual que en muchas mitologías y religiones arcaicas, en la obra de Lorca la luna juega un papel capital, convirtiéndose muchas veces en verdadera diosa poética.[5]

Un poema intensamente panteísta, «Manantial», da cuerpo a las creencias que examinamos en sus ensayos. Convertido en manantial, en árbol y en ruiseñor, el poeta parece sufrir una pérdida de fe ortodoxa:[6]

5. La luna es el elemento que más aparece en la obra de Lorca. Según Alice M. Pollin en *A Concordance to the Plays and Poems of Federico García Lorca*, Ithaca, Nueva York y Londes, Cornell University Press, pág. 918, 1141 y 385, aparece 218 veces en poemas y 81 en teatro.

6. Esa «pérdida» se ve claramente en otros poemas de *Libro de poemas*. En «Ritmo de otoño», por ejemplo, escribe:

> *–¡Dios mío!*
> *Pero, Dios mío, ¿a quién?*
> *¿Quién es Dios mío?* (I, 141)

En cuanto a la vida eterna, comenta:

> *¡Dichosos los que dudan de la muerte*
> *teniendo Paraíso...!* (I, 139)

En «Prólogo» pregunta a Dios con una rabia unamunesca:

> *¿Estás sordo? ¿Estás ciego?*
> *¿O eres bizco*
> *de espíritu*
> *y ves el alma humana*
> *con tonos invertidos?* (I, 88)

> *¡Mi corazón es malo, Señor! Siento en mi carne*
> *la inaplacable brasa*
> *del pecado. Mis mares interiores*
> *se quedaron sin playas.*
> *Tu faro se apagó. ¡Ya los alumbra*
> *mi corazón de llamas!*

Como «Chopo muerto», «Manantial» nos hace recordar aquel chopo de la niñez que murmuraba su nombre: «Fe...de...ri...co...» Otra vez el poeta se identifica con el árbol:

———

Y en «silencio» exhorta al silencio:

> *Si Jehová se ha dormido,*
> *sube al trono brillante,*
> *quiébrale en su cabeza*
> *un lucero apagado,*
> *y acaba seriamente*
> *con la música eterna...* (I, 61)

Estos poemas no constituyen ejemplos de la mejor poesía de Lorca, y, por ello, no los he incluido en la antología. Sin embargo, el lector que dude de la duda –valga la redundancia– debe tenerlos en cuenta. Todo esto no quita en absoluto el profundo sentido religioso del poeta. Ortodoxo, no, religioso, sí. En «Mar» afirma esta religión que es el amor *hic et nunc*:

> *La estrella Venus es*
> *la armonía del mundo.*
> *¡Valle el Eclesiastés!*
> *Venus es lo profundo*
> *del alma...*

> *...y el hombre miserable*
> *es un ángel caído.*
> *La tierra es el probable*
> *Paraíso perdido.* (I, 129)

> *Yo me incrusté en el chopo centenario*
> *con tristeza y con ansia.*
> . . . .
> *Mi espíritu fundióse con las hojas*
> *y fue mi sangre savia.*

Aprende la lección vitalista del chopo:

> *Frente al ancho crepúsculo de invierno*
> *yo torcía las ramas*
> *gozando de los ritmos ignorados*
> *entre la brisa helada.*

Descubre el centro mágico de la Naturaleza dentro de
sí mismo:

> *¡Tenía una colmena de oro vivo*
> *en las viejas entrañas!*

Igual que un mago o alquimista del Renacimiento aso-
cia ese «oro vivo» en el conocimiento místico que a su vez
sugiere la fundición extática con el cosmos:

> *El paisaje y la tierra se perdieron,*
> *sólo el cielo quedaba,*
> *y escuché el débil ruido de los astros*
> *y el respirar de las montañas.*

El resultado de este rapto pitagórico produce la músi-
ca de las esferas, una música que el hombre occidental
–pero no el poeta– ha dejado de escuchar:

> *Incliné mis ramajes hacia el cielo*
> *que las ondas copiaban,*
> *mojé las hojas en el cristalino*
> *diamante azul que canta,*
> *y sentí borbotar los manantiales*

> *como de humano yo los escuchara.*
> *Era el mismo fluir lleno de música*
> *y de ciencia ignorada.*

Esa «ciencia ignorada» equivale a la gran lección de toda la obra de Lorca.[7] Conduce inevitablemente a la muerte, y no la muerte trascendental ortodoxa, sino una muerte nocturna, astral, trágica (el ruiseñor, eco de *Romeo y Julieta*, siempre significa esta muerte en la obra de Lorca):

> *«¡Sé ruiseñor!», dice una voz perdida*
> *en la muerta distancia,*
> *y un torrente de cálidos luceros*
> *brotó del seno que la noche guarda.*
> . . . .
> . . . .

No todos los poemas son tan significantes como «Manantial», que viene a ser quizás el poema de más importancia temática de la obra temprana. Sin embargo, los temas fundamentales no varían mucho. «Otro sueño», por ejemplo, trata del mismo tema de la muerte y de la conciencia de la muerte por parte del poeta:

> *¿Cuántos hijos tiene la Muerte?*
> *Todos están en mi pecho!*

Aun «El macho cabrío», que superficialmente parece ser un simple panegírico al indecible animal, pertenece al mundo heterodoxo y misterioso de Lorca. El macho cabrío es:

> *Místico eterno*
> *del infierno*
> *carnal...*

7. Creo que José Monleón, García Lorca: *Vida y obra de un poeta*, Barcelona, Aymá, 1974, pág. 84, señaló primero la importancia de esta frase.

Y es hijo «del padre Pan», y los machos cabríos son:

¡Iluminados del Mediodía!

El poco estudiado *Libro de poemas*, a pesar de que, como es natural en un principiante, algunos de los poemas son bastante irregulares, prueba indudablemente la espontaneidad, la consecuencia y la unidad del árbol que había señalado el hermano del poeta. También muestran que desde muy joven –fueron escritos entre 1918-1920– estuvo creando consciente y deliberadamente un mundo poético panteísta e hierático. Todavía no había elaborado la teoría atávica ni la estilización mítica latentes en ese mundo, pero la primordialidad de ello –«la oscura raíz del grito» como diría en *Bodas de sangre*– estaba patente desde los primeros poemas y la voz de ese *duende* suyo, tan andaluz y tan personal, empezaba ya a sonar.

Los diecisiete poemas de *Canciones* (escritos entre 1921-1924) que siguen, forman una especie de contrapunto a los anteriores. Cortos, anecdóticos, populares, ligeros y graciosos, son, para decirlo sucintamente, mejores poemas, aunque menos interesantes desde un punto de vista temático. Son poemas brillantes, llenos de colorido y de efectos poéticos de superficie. En «Canción china de Europa», por ejemplo,

> *Los caballeros*
> *están casados*
> *con altas rubias*
> *de idioma blanco.*

Y en «Paisaje» los niños

> *ven convertirse en pájaros*
> *un árbol amarillo.*

26

El tema de la muerte no desaparece, pero se trata de otra forma; se despersonaliza como en «Canción de jinete» (1860):

> En la luna negra
> sangraba el costado
> de Sierra Morena
>
> Caballito negro.
> ¿Dónde llevas tu jinete muerto?

O, en la otra versión del poema, «Canción de jinete», se personaliza pero sin explicar –a propósito– el misterio:

> ¡Ay qué camino tan largo!
> ¡Ay mi jaca valerosa!
> ¡Ay que la muerte me espera,
> antes de llegar a Córdoba!
>
> Córdoba.
> Lejana y sola.

De los diecisiete poemas incluidos en la antología, más de la mitad tratan del tema erótico. Con imágenes rutilantes y segurísimas plasma el tema sexual al fundir elementos eróticos con otros de la Naturaleza. En «Primer aniversario» escribe:

> Carne tuya me parece,
> rojo lirio, junco fresco.

En «La soltera en misa»:

> Da los negros melones de tus pechos
> al rumor de la misa.

En «Serenata»:

> *y en los pechos de Lolita*
> *se mueren de amor los ramos.*

Y en el poema «En Málaga» el poeta dice a la «suntuo-
sa Leonarda»:

> *… Oscilando*
> *–concha y loto a la vez–*
> *viene tu culo*
> *de Ceres en retórica de mármol.*

Termina esta primera sección de la antología, «Poemas
y canciones», con el bellísimo poema «De otro modo», que
supone una vuelta al tema personal.

Vuelven los motivos anteriores y siempre presentes en
la obra de Lorca. Otra vez el árbol, otra vez el agua, otra
vez la conciencia de ser poeta de y en la naturaleza, voz
única y voz colectiva a la vez:

> *Yo, en mis ojos, paseo por las ramas.*
> *Las ramas se pasean por el río.*

> *Llegan mis cosas esenciales.*
> *Son estribillos de estribillos.*
> *Entre los juncos y la baja tarde,*
> *¡qué raro que me llame Federico!*

En la segunda parte, «Andalucía mítica», ya tratamos
de poesía más conocida, y en el caso del *Romancero gita-
no*, del libro poético más famoso de la literatura española.
Estos poemas no necesitan introducción porque sus per-
sonajes son ya legendarios y míticos. Las canciones popu-
lares sirven de preludio: aparecen Paquiro y Frascuelo en
el café de Chinitas, trianeros y macarenos por el río de Se-
villa, y las morillas –Axa y Fátima y Marién– de Jaén. Apa-

recen también la loca Tarara y Don Boyso y su hermana Rosalinda, *cativa* en tierra de moros.

Del teatro de Lorca siguen tres poemas. En Ronda la vieja el gran Cayetano torea una corrida «goyesca» que Marianita Pineda pierde. De *Bodas de sangre* viene la «Nana del caballo», canción de cuna y de muerte que prefigura la acción de la gran tragedia:

> *Las patas heridas,*
> *las crines heladas,*
> *dentro de los ojos*
> *un puñal de plata.*
> *Bajaban al río.*
> *¡Ay, cómo bajaban!*
> *La sangre corría*
> *más fuerte que el agua.*

Y de *Yerma* surge el himno fálico de la romería, antigua mezcla pagana de sexo y muerte que se inspiraba en la realidad de la Romería de Moclín:

> *Que se queme la danza*
> *y el cuerpo reluciente*
> *de la linda casada.*

Después asoma el mundo misterioso del cante jondo, expresión andaluza por excelencia. La antología contiene todos los poemas de la versión original de *Poema del Cante Jondo* porque, como indica el título, forman un conjunto que debe considerarse un solo poema largo en el que el joven poeta –tenía sólo veintitrés años en aquel noviembre de 1921, cuando escribió todos los poemas– plasma en una asombrosa visión aquel insólito mundo primordial del *flamenco*:

> *Lámparas de cristal*
> *y espejos verdes.*

Sobre el tablado oscuro,
la Parrala sostiene
una conversación
con la muerte.

. . . .

Y en los espejos verdes,
largas colas de seda
se mueven.

Lorca es –sin lugar a dudas– el poeta que más ahonda en el tema y es el que más lo agota. Como bien lo expresó en su *Antología de Poesía Flamenca* Anselmo González Climent: «A cuentas: García Lorca es, sin discusión, el poeta verdaderamente entrañado con el duende andaluz. Íntegramente flamenco... Andalucía le preocupa filosóficamente.»[8]

En *Poema del Cante Jondo*, Lorca pone en escena poética el mundo del cante jondo, ese mundo hermético y extrañamente íntimo que el poeta consigue entablar a base de estilización, de pincel, de esbozo, de alusión, de perfil. Es un retablo diminuto por el que pasan personificados diversos cantes, como si fuesen mujeres: la fatídica siguiriya, la petenera gitana, la soleá. Aparecen *cantaores* y *cantaoras* famosos como Silverio, Juan Breva y La Parrala. Se vivifican elementos del mundo del cante, sobre todo del barrio gitano del Sacro Monte, y de la Semana Santa sevillana. El conjunto –vientos, paisajes, ambientes, cantes, bailes, gentes, augurios, gritos, lamentaciones, supersticiones, ecos, resonancias, pitas, chumberas, cuevas, encrucijadas, cafés cantantes, procesiones, pasos, vírgenes, cristos, nazarenos, penas, amores, y siempre la muerte– nos da una auténtica muestra de su *duende* especial. Más adentrado poéticamente en ese mundo que nadie –antes o después– Lorca, a la edad de veintitrés años, construye un microcosmos fatídico y ominoso que forma una parte íntegra de su «Anda-

8. Anselmo González Climent, *Antología de Poesía Flamenca*, Madrid, Escelicer, pág. 47.

lucía mítica» al mismo tiempo que prefigura el retablo cósmico que ha de venir.

Entonces surge el mito propio, el mito creado por el poeta con el barro de su propia tierra andaluza. El *Romancero gitano* (completo en la antología) es la universalización del gitano andaluz y la agitación del universo. En una carta a Jorge Guillén en 1926, deja constancia de su intención exacta:

> «*Preciosa y el aire*» *es un romance gitano, que es un* mito *inventado por mí. En esta parte del romancero procuro armonizar lo* mitológico *gitano con lo puramente vulgar de los días presentes... Quiero conseguir que las imágenes que hago sobre los tipos sean* entendidas *por éstos, sean visiones del mundo que viven... Quedará un libro de romances y se podrá decir que es un libro de Andalucía.*[9]

Y unos años después, al hacer una lectura pública del *Romancero*, declara:

> *El libro empieza con dos mitos inventados. La luna como bailarina mortal y el viento como sátiro. Mito de la luna sobre tierras de danza dramática, Andalucía interior concentrada y religiosa y mito de playa tartesa...* (I, 1116.)

El crítico que más agudamente ha expresado la honda y poderosa atracción de estos poemas míticos es el amigo del poeta, Rafael Martínez Nadal:

> *En el* Romancero *es el gitano, realidad o sueño, convertido en mito, como todo ese mundo de santos y vírgenes, reyertas y sexo, espera, y siempre muerte.*
>
> *Lo que en manos de otros poetas fue retrato o donaire, gravedad o pintoresquismo, en Lorca pierde contorno real*

9. Jorge Guillén, *Federico en persona*, Buenos Aires, Emecé, 1959, págs. 83-84.

para entrar en el mundo atemporal de los sueños. La po-
pularidad sostenida, que eludió a poetas como Rueda, Vi-
llaespesa y Manuel Machado, pese a un tratamiento más
realista del tema [o precisamente por ello, podríamos aña-
dir], se vertió a torrentes sobre unos romances que pare-
cían despertar en todo lector u oyente resonancias ocultas,
aun cuando el pleno sentido de imágenes y metáforas tu-
viera forzosamente que escapar a la mayoría de sus entu-
siastas.[10]

O como ha dicho bellamente Jorge Guillén:

Siente en sí y tiene frente a sí a un pueblo magnífico.
Y se pone a cantar como el pueblo canta en su Andalucía,
y se pone a poetizar, redondo universo absoluto, a su An-
dalucía: sierra, cielo, hombre y fantasma. No los copia: los
canta, los sueña, los reinventa; en una palabra, los poeti-
za. (I, LV.)

Universalización del gitano andaluz y agitanización
del Universo: el *Romancero*, precisamente por su calidad
mítica, se convierte en un retablo cósmico donde unos
personajes autóctonos –en el sentido etimológico de la pa-
labra– empiezan a formar una mitología andaluza. Y esto
es quizá lo más original del libro: Lorca escribe poemas de
calidad mítica, pero sin tener que acudir a mitologías o
teogonías ajenas. Emplea resonancias arquetípicas que re-
cuerdan a veces los mitos clásicos, pero el resultado es
siempre original; y donde hace reverberar ecos de un pa-
sado histórico o mítico conocido, lo hace siempre en fun-
ción del pasado andaluz. La luna mortal del primer «Ro-
mance de la luna, luna» es a la vez diosa/sacerdotisa
cretense y *bailaora* flamenca:

10. Rafael Martínez Nadal, *Autógrafos*, I, Oxford, Dolphin, 1975,
pág., XXIX.

> *En el aire conmovido*
> *mueve la luna sus brazos*
> *y enseña, lúbrica y pura,*
> *sus senos de duro estaño.*

Así el poeta sugiere la profunda analogía entre la bailarina de la Gran Madre y el baile grande del flamenco sin salir de la historia de los intercambios entre cretenses y tartesos, pueblos los dos, igual que el gitano, creyentes en la arquetípica influencia maléfica de la luna.

Si «Preciosa y el aire» nos hace recordar algún mito clásico, tenemos también que tener en cuenta que la gitana anda por una «playa tartesa». En «Reyerta» los mozos muertos –gitanos igual que los «ángeles negros»– son nuevos avatares de «Cuatro romanos y cinco cartagineses». «Romance sonámbulo» trata del gitano contrabandista perseguido por los *sibiles*, verdaderos antagonistas del libro que, aunque también mitificados, no salen de las históricas confrontaciones entre ellos y los gitanos. En «La monja gitana» la iglesia gruñe como un oso y las cinco llagas de Cristo se convierten en cinco toronjas de Almería. «La casada infiel», el menos mítico del libro, cuenta una seducción en la fiesta gitana de Santiago en Triana.

Soledad Montoya –de quien Lorca decía, «La pena de Soledad Montoya es la raíz del pueblo andaluz» (I, 1118)– es la verdadera heroína del libro. Explicó el poeta en el *Romancero*:

> *... no hay más que un solo personaje grande y oscuro como un cielo de estío, un solo personaje que es la pena que se filtra en el tuétano de los huesos y en la savia de los árboles... pena andaluza que es una lucha de la inteligencia amorosa con el misterio que la rodea y no puede comprender. (I, 1114.)*

Soledad Montoya es la personificación de esa pena, pena que está en el mero centro de toda la obra de Lorca,

pena panteísta y misteriosa que en este retablo se agitani-
za en el cuerpo de Soledad:

> *Cobre amarillo, su carne,*
> *huele a caballo y a sombra.*
> *Yunques ahumados sus pechos,*
> *gimen canciones redondas.*

Después surgen los tres santos –como emblemáticas
personificaciones colectivas de sus ciudades respectivas–
el berberisco «arcángel domesticado» granadino, San Mi-
guel; el coránico y aljamiado cordobés, San Rafael; y el
agitanado y juncal sevillano, San Gabriel, que visita a la
Virgen gitana, Anunciación de los Reyes, «madre de cien
dinastías».

En poemas sucesivos aparecen otras figuras agitana-
das y agitanizantes que completan esta mitología anda-
luza: Antoñito el Camborio, «hijo y nieto de Cambo-
rios», sacrificado por sus primos de Benamejí; el
«Muerto de amor», clarividente amante que ve su propia
muerte, rodeado de serafines y gitanos tocando acordeo-
nes: el Emplazado que es el Amargo, figura ya muerta y
lamentada por su madre en «La canción de la madre del
Amargo» al final de *Poema del Cante Jondo* («El Amargo
está en la luna»); Rosa la de los Camborios, martirizada
por la Guardia Civil –mártir gitana con sus pechos cor-
tados igual que Santa Olalla por los centuriones roma-
nos en el poema siguiente– en aquella «ciudad de los gi-
tanos» en la que se encuentran en una fiesta de Navidad
la Virgen y San José y los Reyes Magos con Pedro Do-
mecq; y, por fin, ampliando el retablo hasta tierras bíbli-
cas, esa Thamar violada –las Altas Mares de los gitanos
andaluces–, rodeada y plañida por vírgenes gitanas que
de repente reducen el mundo bíblico al de una cueva gi-
tana, lamentando la desfloración de Thamar como si se

tratase de la ceremonia del *dikló*, o pañuelo, de una
boda gitana:

> *Alrededor de Thamar*
> *gritan vírgenes gitanas*
> *y otras recogen las gotas*
> *de su flor martirizada.*
> *Paños blancos enrojecen*
> *en las alcobas cerradas.*

Así termina esta parte de la antología llamada «Anda-
lucía mítica». Se trata de la creación de todo un mundo
mitológico en el que el poeta no ha tenido que «inventar»
nada. Sólo ha tenido que interpretar lo que su propia tie-
rra todavía le brindaba de mito y de historia antiquísimos.
Del *continuum* que representa la vida andaluza –en mu-
chas maneras sin cambios importantes desde los tiempos
tartesos de Gerión o Argantonio hasta la época de Lorca–
ha creado el poeta su retablo cósmico, mundo natural y
mundo espiritual de gitanos y judíos, de romanos y arcán-
geles y contrabandistas, todos ellos andaluces y universa-
les, todos ellos componentes de la Pena andaluza que es el
sentimiento trágico andaluz en los hombres y en los árbo-
les: «La Pena que se filtra en el tuétano de los huesos y en
la savia de los árboles... pena andaluza que es una lucha
de la inteligencia amorosa con el misterio que la rodea y
no puede comprender.»

«El ciclo de Nueva York» se llama la tercera parte de
la antología porque consiste en los poemas más importan-
tes de *Poeta en Nueva York,* más otros del mismo período
y del mismo tono poético (todos escritos en 1929-1930 en
Nueva York), aunque no fueron incluidos en el volumen
publicado con el título de *Poeta en Nueva York.*
Si el *Romancero* constituye el apogeo mitológico de la
obra de Lorca, *Poeta en Nueva York* viene a ser la antíte-

sis de aquel mundo antiguo y mediterráneo. En *Poema del Cante Jondo* y en el *Romancero gitano* se destacan elementos primordiales o atávicos de un pasado indeterminado, pero en *Poeta en Nueva York* lo que sobresale es una visión aterradora del futuro. Cualquier lector asiduo se da cuenta en seguida que el libro tiene una doble materia temática: por un lado, el tema de una angustia personal e interior, y, por otro, el de una angustia humana general que se manifiesta como una visión radicalmente denunciadora de la sociedad industrializada.[11] Este último se ha estudiado poco a pesar de ser el tema de más actualidad de la poesía de Lorca, actualidad que he tenido siempre en cuenta al elegir los poemas para esta antología.

Aunque no se suele enfocar a Lorca como poeta profético, en *Poeta en Nueva York* se revela como un Jeremías de la sociedad moderna, especialmente la anglosajona o norteamericana. Nueva York, donde vivió el poeta en los difíciles años de 1929 y 1930, era el blanco lógico, y Wall Street –corazón económico de la ciudad y punto de enfoque de todo Occidente en aquellos días fantasmagóricos del otoño «negro» de 1929– era el centro del Blanco. Al volver a España comentó:

> *Nueva York es terrible. Algo monstruoso. A mí me gusta andar por las calles, perdido; pero reconozco que Nueva York es la gran mentira del mundo. Nueva York es el Senegal con máquinas. Los ingleses han llevado allí una civilización sin raíces. Han levantado casas y casas; pero no han ahondado en la tierra...* (II, 1080.)

Civilización sin raíces... no han ahondado en la tierra: la gran metrópoli de Nueva York y Andalucía vienen a ser verdaderos antípodas del mundo occidental. Lorca no ti-

---

11. Ciertas frases de lo que digo aquí se publicaron en «Poeta en Nueva York a medio siglo». *La Nueva Estafeta*, marzo, 1979, págs. 61-70.

tubea: «Denuncio porque vengo del campo y creo que lo más importante no es el hombre.» (I, 1133.) O, para decirlo de otra forma, en Nueva York la vida no conservaba –menos en el caso de los negros a quienes Lorca vería algo así como a los gitanos– nada de lo que Lorca hubiera entendido como *duende*: «En ningún sitio se siente como allí la ausencia del espíritu, desprecio de la ciencia pura y valor demoníaco del presente.» (I, 1129.) En cambio, describe su llegada a Cuba como una llegada a «la América con raíces, la América de Dios, la América española... la Andalucía mundial» (I, 1134).

No acabar de entender la visión poética lorquiana de Nueva York –no entender que el poeta considera la trimilenaria cultura andaluza infinitamente superior a la advenediza civilización materialista de Nueva York– equivale a no entenderle como poeta. Es análogo a no entender por qué a Manuel Torre, el *cantaor*, le llamó «el hombre de mayor cultura en la sangre que he conocido», o por qué a Pastora Pavón, la «Niña de los Peines», la llamó «sombrío genio hispánico, equivalente en capacidad de fantasía a Goya o a Rafael *el Gallo*», o por qué habló de «la liturgia de los toros, auténtico drama religioso» como «la fiesta más culta que hay hoy en el mundo», en ese magnífico ensayo sobre *el duende* que ya hemos tenido ocasión de ver (I, 1097-1109).

La reacción lorquiana respecto del abismo cultural que mediaba entre Nueva York y Andalucía –lejos de ser la aberración poética que algunos críticos españoles y americanos han querido señalar, sobre todo críticos que no quieren ver en Lorca más que un poeta popular y folklórico– revela una nueva dimensionalidad y una potencialidad profética que aumentan de modo dramático su universalidad poética. Encasillar al autor del *Romancero gitano* como poeta local no resulta factible ni creíble frente al tremendo documento humano y universal de *Poeta en Nueva York*.

La visión tradicional de Lorca, como granadino, como

andaluz, como embajador cultural a la América española son como círculos concéntricos alrededor del «Federico» del título del retrato sublime que le hizo Aleixandre: «Y he sentido que sus brazos se apoyaban en el aire, pero que sus pies se hundían en el tiempo, en los siglos, en la raíz remotísima de la tierra hispánica... ¡Qué viejo, qué viejo, qué antiguo, qué fabuloso y mítico!» (II, IX.) Fuera de estos círculos concéntricos, con su eje en la raíz remotísima de la tierra hispánica –y dentro de ella la andaluza–, se halla el iconoclasta que ha reaccionado de manera igualmente intuitiva y entrañable a la pesadilla de la gran metrópoli.

¿Por qué reaccionó tan violentamente a la gran ciudad norteamericana? A mi parecer, el peculiar don poético de Lorca, que radicaba en aquel sentido telúrico o ctónico, es decir, *enduendado*, del arte, en la habilidad de rondar poéticamente por una Andalucía mítica que remontaba hasta el rey mítico Gerión, esa Andalucía emblemática, prístina y autóctona, que ya hemos examinado al considerar la «Andalucía mítica», que ese sentido poético no podía funcionar en los enajenados laberintos neoyorquinos de cemento, asfalto y acero, que no podía hundirse, para emplear el término de Aleixandre, que no podía encontrar fondos culturales o tradicionales que sondear, ni tierra donde enraizarse. Todo el aparato poético lorquiano tenía que enrevesarse y dar marcha atrás, para responder a la Nueva York que el poeta había encontrado: «La gran mentira del mundo... una civilización sin raíces...» (II, 1080.) El resultado no era un libro descriptivo ni la narración de un viaje, sino, como decía él: «Mi reacción lírica con toda sinceridad y sencillez. Sinceridad y sencillez dificilísimas a los intelectuales pero fáciles al poeta.» (I, 1125.) Aunque en esta reacción lírica hubiese una infinita ternura humana, ternura que comprendía, como explicó Lorca, «la esclavitud dolorosa de hombre y máquina» y «aquella trágica angustia vacía que hace perdonable por evasión hasta el crimen y el bandidaje» (I, 1125), el resultado era una aguda y brutal visión de un futuro sin Dios y sin mitos, una especie de profecía onírica, un apocalipsis americano sin esperanza, el resultado inevitable de un mundo pervertido que representaba la antítesis de su propio paraíso cerrado.

Nueva York, con su centro en la Bolsa de Wall Street, ultrajó al poeta: «Y yo que soy de un país donde, como dice el gran poeta Unamuno "sube por la noche la tierra al cielo", sentía como un ansia divina de bombardear todo aquel desfiladero de sombra por donde las ambulancias se llevaban a los suicidas con las manos llenas de anillos.» (I, 1129.) No bombardeaba en sentido literal, pero poéticamente empezaba una aniquilación metódica y total de la gran urbe. La primera instancia ocurre en el poema «Danza de la muerte». Como *El Apocalipsis*, o como las profecías del Antiguo Testamento, *Poeta en Nueva York* presenta múltiples y solapadas versiones de la destrucción de la ciudad. Aquí la muerte viene como «El mascarón típico africano, muerte verdaderamente muerta, sin ángeles ni *resurrexit*. Muerte alejada de todo espíritu, bárbara y primitiva como los Estados Unidos, que no han luchado ni lucharán por el cielo» (I, 1129). Como Babilonia, Nueva York se condenará por su materialismo. La danza de la muerte ocurrirá en el mismo Wall Street:

No es extraño sitio para la danza, yo lo digo.
El mascarón bailará entre columnas de sangre y de números,
entre huracanes de oro y gemidos de obreros parados
que aullarán, noche oscura, por tu tiempo sin luces,
¡oh salvaje Norteamérica!, ¡oh impúdica!, ¡oh salvaje,
tendida en ta frontera de la nieve!

Nueva York, antítesis de la naturaleza, será vencida por una Naturaleza que la borrará de la misma manera que las arenas del desierto cubrieron Egipto o las lianas de la selva Uxmal, Tikal y Palenque. Los versos que siguen nos hacen pensar en versículos de Jeremías: «Y quedará Babilonia reducida a un montón de escombros, guarida de dragones, objeto de pasmo y escarnio...» Lorca profetiza:

> Que ya las cobras silbarán por los últimos pisos,
> que ya las ortigas estremecerán patios y terrazas,
> que ya la Bolsa será una pirámide de musgo,
> que ya vendrán lianas después de los fusiles
> y muy pronto, muy pronto, muy pronto.
> ¡Ay, Wall Street!

Después del frenesí inicial de la primera destrucción, Lorca comenta en poemas sucesivos sobre los múltiples horrores de la ciudad, acumulando poco a poco datos para las denuncias que vendrán al final, oponiéndose deliberadamente como el poeta en contra de la ciudad, el hombre civilizado de la Naturaleza contra la barbarie mecanizada y deshumanizada.

Mito, símbolo, el elemento natural, han perdido su significado o han cobrado un significado totalmente negativo: En «Aurora» el poeta no describe una hora mágica sino un horror:

> La aurora de Nueva York tiene
> cuatro columnas de cieno
> y un huracán de negras palomas
> que chapotean las aguas podridas.

Ni la misma luz puede escapar de la falsa aurora venenosa de Nueva York:

> La luz es sepultada por cadenas y ruidos
> en impúdico reto de ciencia sin raíces.

Y la gente sufre una deshumanización completa:

> Los primeros que salen comprenden con sus huesos
> que no habrá paraíso ni amores deshojados;

> *saben que van al cieno de números y leyes,*
> *a los juegos sin arte, a sudores sin fruto.*
> ....
> *Por los barrios hay gentes que vacilan insomnes*
> *como recién salidas de un naufragio de sangre.*

Un período de descanso fuera de la ciudad, en el campo de Vermont, le permite al poeta formular claramente lo que aflige la ciudad. Stanton, su pequeño amigo de diez años, amonesta lo siguiente:

> *Stanton, vete al bosque con tus arpas judías,*
> *vete para aprender celestiales palabras*
> *que duermen en los troncos, en nubes, en tortugas,*
> *en los perros dormidos, en el plomo, en el viento,*
> *en lirios que no duermen, en aguas que no copian*
> *para que aprendas, hijo, lo que tu pueblo olvida.*

Su mensaje a Stanton es su mensaje poético de siempre. *Lo que tu pueblo olvida* es la calidad mística, la sacralidad de la vida. Poeta siempre de amor y de integración, Lorca sólo se vuelve hostil y agresivo cuando la vida pierde su nexo con el mundo natural. La vuelta a la ciudad causa nuevas y reiteradas visiones del salvajismo y de la ruina inevitables de Nueva York. Ciertos versos del poema «New York: oficina y denuncia» se quedan en la memoria como una letanía al predecir una vez más el caos que ha de venir:

> *Todos los días se matan en New York*
> *cuatro millones de patos,*
> *cinco millones de cerdos,*
> *dos mil palomas para el gusto de los agonizantes,*
> *un millón de vacas,*
> *un millón de corderos*
> *y dos mil millones de gallos,*

> que dejan los cielos hechos añicos.
> Más vale sollozar afilando la navaja
> o asesinar a los perros en las alucinantes cacerías
> que resistir en la madrugada
> los interminables trenes de leche,
> los interminables trenes de sangre
> y los trenes de rosas maniatadas
> por los comerciantes de perfumes.

Fijar en el poema, plasmar ahí tanto sufrimiento amontonado le llevará al poeta a una denuncia ineluctable:

> Yo denuncio a toda la gente
> que ignora la otra mitad,
> la mitad irredimible
> que levanta sus montes de cemento
> donde laten los corazones
> de los animalitos que se olvidan
> y donde caeremos todos
> en la última fiesta de los taladros.

El poema es al mismo tiempo una denuncia feroz de la ciudad y un credo panteísta de afirmación y sacrificio personal. El poeta, en este apocalipsis secular, se ofrece como chivo o víctima propiciatorio:

> No, no; yo denuncio,
> yo denuncio la conjura
> de estas desiertas oficinas
> que no radian las agonías,
> que borran los programas de la selva,
> y me ofrezco a ser comido por las vacas estrujadas
> cuando sus gritos llenan el valle
> donde el Hudson se emborracha con aceite.

El poema «Grito hacia Roma (Desde la torre del Chrysler Building)», sin duda el poema más profético del libro, retrata con una clarividencia espeluznante el colapso de esa sociedad, colapso que parece embarcar, en principio al menos, no sólo Nueva York, sino toda la sociedad moderna desde Nueva York hasta la gran cúpula de Roma:

Mientras tanto, mientras tanto, ¡ay! mientras tanto,
los negros que sacan las escupideras,
los muchachos que tiemblan bajo el terror pálido de los directores,
las mujeres ahogadas en aceites minerales,
la muchedumbre de martillo, de violín o de nube,
ha de gritar aunque le estrellen los sesos en el muro,
ha de gritar frente a las cúpulas,
ha de gritar loca de fuego,
ha de gritar loca de nieve,
ha de gritar con la cabeza llena de excremento,
ha de gritar como todas las noches juntas,
ha de gritar con voz tan desgarrada
hasta que las ciudades tiemblen como niñas.

Aquí al final del poema viene una esperanza o un deseo de un mundo nuevo, como una nueva Jerusalén, o quizá como una justificación para una rebelión en un mundo en el que el Apocalipsis y la revolución se parecen un tanto:

porque queremos el pan nuestro de cada día,
flor de aliso y perenne ternura desgranada,
porque queremos que se cumpla la voluntad
de la Tierra que da sus frutos para todos.

El último poema neoyorkino que sigue inmediatamente a «Grito hacia Roma» es la magnífica y poderosa «Oda a Walt Whitman» que sintetiza todos los temas del libro al juntar el de la angustia personal al comentario americano, y al declarar otra vez la aflicción americana y repetir, por última vez, el apocalipsis anglosajón.

El empleo de Walt Whitman como el personificador del sueño poético norteamericano es tan genial como lógico: el gran poeta decimonónico de Manhattan, más que nadie, había enunciado y había cantado la potencialidad norteamericana. Whitman era un poeta optimista, patriota, panteísta y pansexual: su voz pregonaba una América trascendental de amor y de armonía. Lorca, por supuesto, estaba muy consciente de todo ello y, como él también era un poeta panteísta y pansexualista, era lógica y natural su simpatía por la memoria de Whitman.

Ahora bien, Lorca también se dio cuenta de que el sueño whitmaniano no se había realizado ni había de realizarse. Por lo tanto, emplea la malograda visión del poeta de Manhattan de contrapunto para describir otra Manhattan, la del siglo veinte –y por extensión todo el país– en términos amargamente irónicos. En vez del mundo armonioso del poeta norteamericano, existía otro mundo, inevitable por su falta de vínculo con la Naturaleza:

> *Nueva York de cieno,*
> *Nueva York de alambre y de muerte.*
> *¿Qué ángel llevas oculto en ta mejilla?*
> *¿Qué voz perfecta dirá las verdades del trigo?*

Whitman mismo había sido esa voz, la voz que hablaba siempre de la potencia americana que no se llegó a realizar. El poeta andaluz trató de encontrar algún eco lejano de ella:

> *Ni un solo momento, viejo hermoso Walt Whitman,*
> *he dejado de ver tu barba llena de mariposas,*
> . . . .
> *Ni un solo momento, hermosura viril*
> *que en montes de carbón, anuncios y ferrocarriles,*
> *soñabas ser un río...*

Whitman había querido un mundo fuerte, libre, lleno de armonía y libertad, donde sueño e ilusión eran la misma cosa. Como expresa acertadamente Lorca:

Tú buscabas un desnudo que fuera como un río,
toro y sueño que junte la rueda con el alga...

Pero en vez de esa visión lo que Lorca encontró fue una América deshumanizada, de pesadilla y de locura.

En el centro del poema, hablando al espíritu de Whitman, la describe:

Agonía, agonía, sueño, fermento y sueño.
Éste es et mundo, amigo, agonía, agonía.
Los muertos se descomponen bajo el reloj de las ciudades,
la guerra pasa llorando con un millón de ratas grises,
los ricos dan a sus queridas
pequeños moribundos iluminados,
y la vida no es noble, ni buena, ni sagrada.

No cabe duda que Lorca está hablando precisamente de América y por extensión, si se quiere, del mundo moderno. En un borrador del poema había escrito y después tachado: «y América Walt Whitman será mañana mismo un gran molde de yeso en un pleamar de hierbas».[12] Nueva York, América, el mundo anglosajón –y, ¿todo Occidente?, podríamos preguntar– no ha podido realizar la América mítica de Whitman, la América libre, panteísta y trascendental.

En vez de mitos o ideales whitmanescos, Lorca encontró una ciudad corrupta y pervertida donde no había posibilidad de amor. Por lo tanto, a Whitman le suplica que se quede dormido en las orillas del río Hudson. No quiere que se despierte para ver cómo se le ha trocado su sueño. Repite deliberadamente y como si estuviera ya completa-

12. Martínez Nadal, *Autógrafos*, I, págs. 211-213.

mente por encima de ello, el apocalipsis anglosajón, americano, blanco:

> *Duerme, no queda nada.*
> *Una danza de muros agita las praderas*
> *y América se anega de máquinas y llanto.*
> *Quiero que el aire fuerte de la noche más honda*
> *quite flores y letras del arco donde duermes*
> *y un niño negro anuncie a los blancos del oro*
> *la llegada del reino de la espiga.*

Entonces el poeta huye de la gran ciudad en dos poemas que se titulan «Dos valses hacia la civilización», señalando así la marcada ausencia de «civilización» en Nueva York. La visión apocalíptica es ineluctable, pero la Jerusalén celeste se reduce de una visión de esperanza y gloria a mero deseo. Walt Whitman, espíritu confraternal de amor, de naturaleza, de libertad, se quedará dormido en la orilla del río Hudson. Para Nueva York –sinécdoque de los Estados Unidos–, como para Babilonia, no hay remedio y el profeta abandona la ciudad para llegar a Cuba, que llama, como ya hemos visto, «la América con raíces, la América de Dios, la América española... la Andalucía mundial» (I, 1134).

Si entendemos *Poeta en Nueva York* como una visión deliberadamente apocalíptica de la América anglosajona, como un vaticinio que rechaza la miopía del materialismo y del antropocentrismo y aún del solipsismo de la sociedad industrializada moderna, entonces podemos entender que la reacción del poeta a la ciudad es, en efecto, tradicionalmente española, reaccionaria y hasta evangelizadora: el poeta es una voz –y una voz del campo andaluz sobre todo– clamando en el desierto urbano.

Poeta en Nueva York revela, pues, una visión artística modernamente desafiante –el lenguaje es más bien antimítico u onírico que surrealista *sensu strictu*– y tan innovativa y desarraigada cual el *Romancero* enraizado en la cultura atemporal de Andalucía. Toda la obra de Lorca es inconfundiblemente andaluza e indescifrable sin ella, y es precisamente por ello que el empleo a la inversa de su norma poética fuera de su propio contexto, en esta visión aterradora del futuro –del presente–, tenga tanta severidad, tanta agudeza y tanta universalidad. Sin el sueño paradisíaco de Andalucía, no se entiende la pesadilla infernal de Nueva York. Sin la gloria del pasado –*iliud tempus*– perdido, no se explica el apocalipsis del futuro. Y sin la mortal angustia personal que se aprecia en poemas como «Omega» o «Infancia y muerte» que completan «El ciclo de Nueva York», no se comprende la genial necesidad ni la necesaria genialidad del creador de estas dos regiones antitéticas –Wall Street y el Sacro Monte– que marcan las fronteras poéticas opuestas de Occidente.

Si aceptamos «Poemas y canciones» como la introducción a la poesía de Lorca, «Andalucía mítica» como la tesis, y «El ciclo de Nueva York» como la antítesis, será fácil completar nuestro esquema viendo las últimas partes, «Gacelas, casidas y sonetos» y «Llanto por Ignacio Sánchez Mejías» como la síntesis de esta dialéctica poética.

Las gacelas y casidas del *Diván del Tamarit* (completo en la antología) y los sonetos tienen en común el tono poético y los temas lorquianos por excelencia del amor y la muerte. Muchos de estos poemas fueron escritos después de su vuelta de Nueva York, durante los años 1932-1936, cuando Lorca se entregaba más al teatro que a la poesía. Comparten, como muchos de los poemas de *Poeta en Nueva York*, un acento personal, interior, y angustiado, pero han perdido el carácter apocalíptico o profético con sus correspondientes toques oníricos o «surrealistas».

En general de ambiente muy andaluz, representan una vuelta a ese mundo granadino panteísta de *Libro de poemas* pero sin la inseguridad técnica de la juventud ni la nota romántica de aquella época. Algunas de las imágenes recuerdan imágenes del *Romancero gitano*, pero ya el poeta ha dejado de cantar a los gitanos como representantes de la Andalucía mítica para expresar su propio mundo interior, cuya expresión buscaba y encontraba sobre todo en las huertas familiares de San Vicente y del Tamarit. En la «Casida de los Ramos», por ejemplo, escribe:

Por las arboledas del Tamarit
han venido los perros de plomo
a esperar que se caigan los ramos,
a esperar que se quiebren ellos solos.

El tema es siempre la muerte y el poeta identificado con la Naturaleza –fundido y perdido en la Naturaleza– es el amante/poeta-para-la-muerte:

Por las arboledas del Tamarit
hay muchos niños de velado rostro
a esperar que se caigan mis ramos,
a esperar que se quiebren ellos solos.

Las «Gacelas, casidas y sonetos» son poemas complejos, herméticos, personales y densos, muchos de ellos en segunda persona, en soliloquios que combinan y recombinan los inseparables elementos del amor y de la muerte. «Casida de la mujer tendida» termina con un ejemplo gráfico de esta mezcla tanático-erótica:

Tu vientre es una lucha de raíces,
tus labios son un alba sin contorno.
Bajo las rosas tibias de la cama
los muertos gimen esperando turno.

Y al final de «Gacela del amor imprevisto», palpita un erotismo morboso de una intensidad poética insuperable:

> Yo busqué, para darte, por mi pecho
> las letras de marfil que dicen «siempre»,
>
> «siempre, siempre»: jardín de mi agonía,
> tu cuerpo fugitivo para siempre,
> la sangre de tus venas en mi boca,
> tu boca ya sin luz para mi muerte.

A lo largo de estos poemas pululan virtualmente todos los símbolos de muerte que aparecen en la obra de Lorca: *alacrán, alga, aljibe, arco roto, arenal, calavera, ceniza, cicuta, cloaca, cocodrilo, curva, estanque, filo, garfio, gente sin rostro, grieta, gusano, hierba, hormiga, lombriz, mar, musgo, perro, piedra, pozo, raíz amarga, ruiseñor, sábana blanca, sapo, yedra,* y por encima de todo, *luna.* En estos poemas la muerte está en todo y todo participa en la muerte, sobre todo el amor. En la «Gacela del amor desesperado» empezamos a entender que la única finalidad del amor es la muerte:

> El día no quiere venir
> para que tú no vengas,
> ni yo pueda ir.
>
> Pero yo iré
> entregando a los sapos mi mordido clavel.
>
> Pero tú vendrás
> por las turbias cloacas de la oscuridad.
>
> Ni la noche ni el día quieren venir
> para que por ti muera
> y tú mueras por mí.

Y en «Gacela del niño muerto» el poeta se dirige al niño muerto y nos damos cuenta que ese «tú» del niño muerto oye con los oídos nuestros:

Tu cuerpo, con la sombra violeta de mis manos,
era, muerto en la orilla, un arcángel de frío.

También el poeta, en «Gacela de la huida», va en busca de su propia muerte que es a la vez el amor flamante:

Como me pierdo en el corazón de algunos niños,
me he perdido muchas veces por el mar.
Ignorante del agua voy buscando
una muerte de luz que me consuma.

O en la «Casida del herido por el agua», quiere entender el misterio de amor que es muerte:

¡Ay, qué furia de amor, qué hiriente filo,
qué nocturno rumor, qué muerte blanca!

Y quiere morir para entenderlo del todo:

Quiero bajar al pozo,
quiero morir mi muerte a bocanadas,
quiero llenar mi corazón de musgo,
para ver al herido por el agua.

Porque a fin de cuentas, como explica en la «Casida de la mano imposible», todo viene a ser pura muerte:

Lo demás todo pasa.
Rubor sin nombre ya. Astro perpetuo.
Lo demás es lo otro; viento triste,
mientras las hojas huyen en bandadas.

Son poemas profundamente desolados pero de una innegable autenticidad poética. El poeta abre su alma y nos deja ver el horror y la nada que lleva dentro. Lo hace con tanta belleza y con tanta finura que la belleza y la finura aun cuando expresan el terror del poeta, sirven de baluarte frente al abismo. El amor conducirá inevitablemente a la muerte, pero el amor, ese amor que es la ley natural de toda su obra y que encuentra su máxima expresión poética en estos poemas, es la única salvación que poseemos. Nos lo hace comprender con una imagen de sí mismo muy propia –«Tengo pena de ser en esta orilla/tronco sin ramas»– y con estos versos finales bellísimos del soneto «Tengo miedo a perder la maravilla»:

> *no me dejes perder lo que he ganado*
> *y decora las aguas de tu río*
> *con hojas de mi otoño enajenado.*

Si fuese un poema menor, «Llanto por Ignacio Sánchez Mejías» podría haberse incluido en «Andalucía mítica»; pero es, sin lugar a dudas, la obra maestra de la poesía de Lorca, y uno de los grandes poemas de nuestro siglo. Merece, por tanto, un lugar aparte como la culminación de su arte poético. Escrito en 1934, el «Llanto» sintetiza los logros poéticos de obras anteriores a la vez que llega a nuevas cumbres de expresión lírica. Está presente toda la dimensión mítica que examinamos en los poemas de «Andalucía mítica». El lenguaje, sobre todo cuando busca la expresión de la desorientación que acompaña la muerte, refleja la experiencia onírica de «El ciclo de Nueva York». La profunda angustia frente a la muerte de su amigo y la honda exploración del mismo tema de la muerte recuerdan el mundo mortal de «Gacelas, casidas y sonetos». Todo ello existe dentro de aquella visión cósmica, panteísta y nada ortodoxa que empezamos a descubrir dentro de sus poemas más tempranos. Si hay un solo poema que resume todas las esencias de la poesía de Lorca, ese poema tiene que ser «Llanto por Ignacio Sánchez Mejías»:

> *¡Oh blanco muro de España!*
> *¡Oh negro toro de pena!*

El toreo, y en particular, la muerte del amigo torero, le proporcionó una oportunidad especial de entretejer el tema taurino y el tema de la muerte, empleando los tonos solemnes y profundos de la elegía. Aunque Lorca nunca fue un aficionado «rabioso» como algunos de su grupo –notablemente Gerardo Diego y José Bergamín–, entendió mejor que ninguno la importancia poética del tema. En una de las últimas entrevistas de su vida, declaró: «El toreo es probablemente la riqueza poética y vital mayor de España... Creo que los toros es la fiesta más culta que hay hoy en el mundo; es el drama puro...» (II, 1087.)

Por supuesto Lorca fue completamente consciente del anacronismo del toreo, es decir, de lo que el toreo posee de atávico y de primario, en una palabra, de lo que tiene de *duende*. En aquel ensayo sobre el tema afirmó: «Parece como si todo el duende del mundo clásico se agolpara en esta fiesta perfecta...» (I, 1107.) Cuando hizo una presentación del mismo Ignacio Sánchez Mejías en Nueva York, dijo: «La única cosa seria que queda en el mundo es el toreo, único espectáculo vivo del mundo antiguo en donde se encuentran todas las esencias clásicas de los pueblos más artistas del mundo.»[13] Y hierofante o mago que era, supo enjuiciar perfectamente lo que significa ese «drama puro» que él veía como «la liturgia de los toros, auténtico drama religioso donde, de la misma manera que en la misa, se adora y se sacrifica a un Dios» (I, 1107).

Ya en plena madurez y completamente consciente de su propia elaboración continua de aquel mundo primordial que representaba Andalucía, Lorca se entregó a construir su poema más importante. Era el momento poético y era el momento humano. Sánchez Mejías, honrado torero intelectual y dramaturgo, había sido el mecenas de todo aquel grupo poético y era amigo íntimo de muchos

13. Agradezco a Daniel Eisenberg esta cita que aparecerá en «Un texto lorquiano descubierto en Nueva York», *Actas del V Congreso Internacional de Hispanistas*, Burdeos, en Prensa.

de ellos. Su muerte afectó profundamente a todo el grupo, pero Lorca era el único poeta capaz de abarcar adecuadamente el difícil tema elegíaco.

Aunque otros entendieron desde dentro el tema taurino, y aunque Alberti también escribió un poema sobre la muerte de Sánchez Mejías, «Verte y no verte», sólo Lorca supo recrear todo el *pathos* de ese momento terrible y sondear, sin caer en sentimentalismo, su significado trágico. Lo pudo hacer Lorca porque su propia visión poética estaba elaborada desde dentro del sentido artístico colectivo que había sustentado el toreo. No trata en realidad este tema taurino más que en el «Llanto», pero cuando lo trata, igual que cuando trata el tema del cante jondo, profundiza más que nadie y lo agota totalmente.

El trágico suceso en Manzanares presentó una oportunidad inesquivable para que Lorca mitificara al torero caído:

> *Ya luchan la paloma y el leopardo.*

Sánchez Mejías sufre una cornada mortal:

> *A las cinco de la tarde.*
> *¡Ay, qué terribles cinco de la tarde!*
> *¡Eran las cinco en todos los relojes!*
> *¡Eran las cinco en sombra de la tarde!*

Pero la tauromaquia gana un cantor profundo que entendió su esencia antiquísima y sacrificial:

> *La vaca del viejo mundo*
> *pasaba su triste lengua*
> *sobre un hocico de sangres*
> *derramadas en la arena,*
> *y los toros de Guisando,*
> *casi muerte y casi piedra,*

> *mugieron como dos siglos*
> *hartos de pisar la tierra.*

Sánchez Mejías se convierte en Sísifo taurino:

> *Por las gradas sube Ignacio*
> *con toda su muerte a cuestas.*

Frente al abismo cobra una dimensión heroica:

> *No se cerraron sus ojos*
> *cuando vio los cuernos cerca*
> *pero las madres terribles*
> *levantaron la cabeza.*

Y a cambio de su vida, gana una fama imperecedera cuyo eco suena a lo largo de dos milenios:

> *No hubo príncipe en Sevilla*
> *que comparársele pueda,*
> *ni espada como su espada,*
> *ni corazón tan de veras.*
> *Como un río de leones*
> *su maravillosa fuerza,*
> *y como un torso de mármol*
> *su dibujada prudencia.*
> *Aire de Roma andaluza*
> *le doraba la cabeza*
> *donde su risa era un nardo*
> *de sal y de inteligencia.*
> *¡Qué gran torero en la plaza!*
> *¡Qué buen serrano en la sierra!*
> *¡Qué blando con las espigas!*
> *¡Qué duro con las espuelas!*
> *¡Qué tierno con el rocío!*
> *¡Qué deslumbrante en la feria!*
> *¡Qué tremendo con las últimas*
> *banderillas de tiniebla!*

Su muerte se trasciende al suscitar en el poeta su más profunda meditación sobre el tema de la muerte:

¿Quién arruga el sudario? ¡No es verdad lo que dice!
Aquí no canta nadie, ni llora en el rincón,
ni pica las espuelas, ni espanta la serpiente:
aquí no quiero más que los ojos redondos
para ver ese cuerpo sin posible descanso.

Yo quiero ver aquí los hombres de voz dura.
Los que doman caballos y dominan los ríos:
los hombres que les suena el esqueleto y cantan
con una boca llena de sol y pedernales.

Aquí quiero yo verlos. Delante de la piedra.
Delante de este cuerpo con las riendas quebradas.
Yo quiero que me enseñen dónde está la salida
para este capitán atado por la muerte.

Yo quiero que me enseñen un llanto como un río
que tenga dulces nieblas y profundas orillas,
para llevar el cuerpo de Ignacio y que se pierda
sin escuchar el doble resuello de los toros.

Que se pierda en la plaza redonda de la luna
que finge cuando niña doliente res inmóvil;
que se pierda en la noche sin canto de los peces
y en la maleza blanca del humo congelado.

No quiero que le tapen la cara con pañuelos
para que se acostumbre con la muerte que lleva.
Vete, Ignacio: No sientas el caliente bramido.
Duerme, vuela, reposa: ¡También se muere el mar!

Pero la trascendencia es poética, no religiosa, y constituye la más desolada contestación a la muerte en la obra poética de Lorca:

> *Porque te has muerto para siempre,*
> *como todos los muertos de la Tierra,*
> *como todos los muertos que se olvidan*
> *en un montón de perros apagados.*

Como el poeta también posee el sino fatídico de ser víctima, es imposible no pensar en él al escuchar sus últimas palabras inolvidables sobre el malogrado matador. A través de la belleza inmortal de estos versos conviven los dos amigos sacrificados:

> *Tardará mucho tiempo en nacer, si es que nace,*
> *un andaluz tan claro, tan rico de aventura.*
> *Yo canto su elegancia con palabras que gimen*
> *y recuerdo una brisa triste por los olivos.*

A lo largo de esta introducción en la poesía de Lorca he puesto el mayor énfasis en el elemento primordial porque es lo menos entendido y lo más revolucionario –más que lo «social» en su teatro– de su obra. Y, en el fondo, es lo más universal, como bien ha explicado José Ángel Valente:

> ... *la palabra poética de Federico García Lorca parece quedar toda ella inscrita en la órbita de lo mítico. Es difícil dar un paso por la obra de Lorca sin sentir la gravitación del ritual, del símbolo, de las señales que remiten al espacio primordial o al origen, donde mito e historia se unifican. De ahí que la poesía de Lorca... sea al tiempo tan universal, no por la fronda, sino por ta raíz oculta. La sustancia mítica es trasladable, encuentra cauces hechos, incide en fondos comunes. Acaso no sea esa razón menor de la dilatada y pronta difusión del poeta más allá de sus fronteras y su lengua.*[14]

14. José Ángel Valente, *Las palabras de la tribu*, Madrid, Siglo XXI, 1971, pág. 117.

Sin embargo, hay que tener muy en cuenta que la poesía de Lorca no es exclusivamente producto del *duende*, sino que también es el resultado de una gran cultura y de un continuo trabajo arduo. Lorca tenía cierta «leyenda negra» de poeta salvaje, agitanado e inculto, aun entre sus amigos, que le molestaba durante su vida y que ha continuado hasta el presente. Nada más falso: Lorca era, al contrario, un poeta y un dramaturgo y un ensayista (y dibujante y director y actor y músico) cultísimo. Solía decir que en sus años en la Residencia de Estudiantes –el centro de formación más importante de aquel segundo Siglo de Oro– había oído más de mil conferencias. Y, contrario a lo que se suele leer, era tanto un lector ávido como conocido captador sapiente de todo «aquello que está en el aire».

Los autógrafos que ha publicado Rafael Martínez Nadal muestran un poeta que obraba y reobraba, que escribía y volvía a escribir, tachando, cambiando, enmendando, corrigiendo y mejorando su obra. Aunque su vida fue corta, hay que recordar que dedicó toda ella, desde muy joven, a escribir. Gracias a una situación familiar cómoda, no tuvo en realidad que «trabajar» nunca, y pudo entregarse completamente a la literatura. Estuvo, por supuesto, muy consciente de su entrega y de su cuidado, como muestra esta explicación a Gerardo Diego de su poética (en 1932):

> … *si es verdad que soy poeta por la gracia de Dios –o del demonio–, también lo es que lo soy por la gracia de la técnica y del esfuerzo, y de darme cuenta en absoluto de lo que es un poema.* (I, 1171.)

Es en realidad la combinación de inspiración y dedicación lo que hace destacar su gran obra poética. No debe olvidarse nunca que sin esta dedicación, aquella inspiración no se convierte nunca en poesía. «Se vuelve de la inspiración como se vuelve de un país extranjero. El poema es la narración del viaje» (I, 1045), comentó en su ensayo sobre Góngora. Sin narración, sin elaboración, sin poetización, no se nos comunica el viaje por inspirado que sea.

Nadie más consciente que el propio poeta en cuanto al esfuerzo necesario, pero tampoco, como ya hemos visto repetidamente, nadie más entregado a su propio *duende*: «... si es verdad que soy poeta por la gracia de Dios –o del demonio–...» Le encanta jugar con el dualismo humano, siempre quedándose al lado nocturno, lunar, hierático, intuitivo. Por eso mismo, jugando, dice «o del demonio».

¿Del demonio? ¿De qué demonio? Volvamos, para terminar, al ensayo sobre el *duende*:

> *El duende de que hablo, oscuro y estremecido, es descendiente de aquel alegrísimo demonio de Sócrates y del otro melancólico demonillo de Descartes.* (I, 1098-1099.)

Duende y demonio –del griego *daimon*– tal como los emplea Lorca, equivalen a la misma cosa. No Demonio sino demonio: espíritu –«el espíritu de la tierra»– ctónico, genio inspirador, «poder misterioso que todos sienten y que ningún filósofo explica», inspiración, soplo divino, *enthousiasmos*.

Sócrates y Descartes, ¿piedras fundamentales de la filosofía occidental? Sí y no, y aquí se revela la profundidad de la irónica sabiduría lorquiana. Se refiere a Sócrates no porque era el originador del método socrático sino porque también era un clarividente, que, según Jenofonte al menos, tenía la misma duda que Lorca y no sabía si atribuir su poder profético a Dios o a su demonio –esto es, *daimon*– personal. ¿Y Descartes? No porque con su método cartesiano había sido –*cogito ergo sum*– padre del racionalismo moderno, sino porque «recibía» su «inspiración» de noche en los sueños. Y, ¿cómo sabemos a qué se refiere Lorca? Porque el «demonillo melancólico de Descartes» dice que «harto de círculos y líneas, salió por los canales para oír cantar a los marineros borrachos» (I, 1099).

Lorca formaba parte, pues, y formaba parte a sabiendas, como revelan tales alusiones, de un mundo esotérico y poco descubierto –una especie de *underground*– al que han pertenecido tantos genios literarios y filosóficos. Llámese ese mundo chamanismo, religión *mistérica*, magia, mística, lo oculto –en algunas épocas los ortodoxos lo llamaron brujería y quemaron o ahogaron a los sospechosos–, o llámese sencillamente un fenómeno psicológico no racional y poco entendido –percepción extrasensorial, cerebro derecho, precognición, trance, telepatía–, no cabe duda que existía y que existe, y que han participado en él toda una serie de personas que en el mundo occidental racional y materialista no solemos asociar con magia o mística o formas esotéricas de conocimiento. ¿Ejemplos? El Sócrates clarividente, el Pitágoras místico, el Jesús predicador de divinidades andróginas tal como se revela en los evangelios gnósticos; en la Edad Media los estudiosos de los libros herméticos, de la alquimia, y de la cábala, como Ramón Llull, como Maimónides o como Moisés de León (para no salir de España); entre literatos Dante y Petrarca y hasta cierto punto Milton y Spencer; y Goethe y Blake y Nietzsche y Whitman y Yeats; Giordano Bruno –quemado en Roma en 1600 por la Inquisición–, Ficino, que tradujo el *Corpus Hermeticorum*, probablemente Francis Bacon, el Descartes soñador, el Newton alquimista, y muchísimos más, incluyendo en nuestro tiempo a Borges y los novelistas del «Boom», todos ellos aficionados rabiosos de lo no racional.

A pesar de un gran interés en estos temas en todo momento, en el mundo occidental desde la época de Julián *el Apóstata* hasta hace muy poco –en España hasta hace un mero lustro– había que tener bastante cuidado para evitar el destino de un Galileo, para no decir de un Bruno. Por fin, hacia finales de este siglo, empezamos a saber hasta qué punto el hombre moderno necesita una reorientación que incluya todo «aquello». Ahora sabemos perfectamente que la gran lección del Siglo de las luces

–que todo «aquello» no era más que cosa de la imaginación y que la única verdad vendría a través del pensamiento lógico y la razón– era en el peor de los casos una gran mentira y en el mejor media verdad.

Lo irónico es que es a través de la ciencia, la única fuente que consideramos «razonable», que por fin estamos convenciéndonos que todo «aquello» no solamente existe sino que lo necesitamos de forma traumática. Poetas como Lorca lo han sabido desde siempre pero en el mundo occidental solamente a partir del Romanticismo han podido empezar a hablar de ello. Ahora, gracias a poetas como Lorca, Yeats, o Blake, empezamos a comprender por qué Sócrates (según Platón en su *Fedro*) dijo que nuestros bienes mayores –profecía, mística, poesía y amor– vienen con el éxtasis y la locura, estado que los griegos consideraban como un don de los dioses, la inspiración («la inspiración es un don, un inefable regalo» (I, 1067), dijo Lorca), soplo divino, *enthousiasmos*, esto es, *endiosamiento*.

En última instancia Lorca, como Picasso, es una anomalía artística porque emplea todos los recursos de la técnica poética más «moderna» para hacernos ver, para hacernos descubrir, para hacernos redescubrir, el contenido *endiosado*, la calidad *numinosa*, que había captado perfectamente el hombre prehistórico –el pintor en Altamira, el escultor de la Venus de Laussel o de Lespugne– o el hombre primitivo en las islas de Asia, en las selvas de África o América, y que en nosotros se había atrofiado.

El lector «moderno» que estudia esta antología encontrará, pues, una insólita (para él) pero perfecta y orgánica compenetración entre un antiguo mundo primordial que había cambiado muy poco desde la época en que fue la primera civilización occidental, y una obra poética cuya visión abarca y comprende y hace resaltar precisamente todo lo que ese mundo, ese pueblo, conservaba todavía de la sensibilidad de *illo tempore*, del tiempo mítico –en el fondo más una sensibilidad fuera del tiempo que un concepto de tiempo– sin el que el toreo, el cante jondo, la Semana Santa andaluza, la Romería de Moclín, en una palabra, *aquella* Andalucía, no tendrían sentido ni existirían.

Lorca –mago, místico, hierofante, prodigio de su tierra, pero sobre todo poeta con *duende*– viene a ser el mejor guía para *aquel país*, del que nos da no simplemente una visión de su Andalucía sino su visión de una Andalucía –y en el caso de Nueva York, una anti-Andalucía– trascendental y, por tanto, universal. Esa Andalucía prístina, primordial, y jamás inventada, está en trance de sucumbir ante nuestro mundo racional y materialista. Pero, aunque la sigamos destruyendo, gracias al legado de la poesía de Lorca, su recuerdo no se podrá borrar. *Aquella* Andalucía quedará plasmada y universalizada, como una colectiva memoria *numinosa*, a través de los versos bellísimos e inconfundibles de uno de los visionarios de nuestro tiempo.

Lorca no es meramente un gran poeta, sino un poeta de época. Igual que Picasso, el otro gran artista español de nuestro siglo, Lorca entendió y nos hizo entender que el camino nuevo en el arte consiste en volver a andar por los caminos antiguos en busca del paraíso perdido interior que corresponde a la armonía exterior del Universo, en busca del eterno presente en el que existen simultáneamente y dentro de la misma entidad –piedra, estrella, caballo, mujer– lo profano y lo sagrado en toda su ambivalencia natural, en busca de un mundo en el que los mitos no son ni ajenos ni imaginados, sino significativos, reales y vividos, en busca de una vida completa que evita el solipsismo de la manca conciencia racional y que incluye la posibilidad del amor, de la maravilla y de la integración: «Sólo el misterio nos hace vivir», había escrito al pie del dibujo, «sólo el misterio» (I, 1288).

ALLEN JOSEPHS

The University of West Florida

ESTA EDICIÓN

La selección de poemas para esta antología corresponde a la interpretación de la obra de Lorca que explico en el prólogo. Por lo tanto no he seguido un criterio de cronología absoluta –si existe tal cosa–, sino un criterio de unidad temática y formal que da una configuración más idónea (para fechas de composición y publicación consúltese la bibliografía).

Para los textos de *Poema de Cante Jondo* y *Romancero gitano* he seguido la versión de Juan Caballero y mía publicada por Cátedra en 1977. Para el texto de los poemas «Infancia y muerte», y «Habla la Santísima Virgen», he seguido los autógrafos publicados por Rafael Martínez Nadal en *Federico García Lorca: Autógrafos* I, Oxford, The Dolphin Book Co., 1975, págs. 240-245, en transcripción mía. En los demás casos, he seguido la última edición de Arturo del Hoyo en *Federico García Lorca: Obras completas*, Madrid, Aguilar, vigésima edición, 1977. Para los poemas [«Romance de toros en Ronda»], [«Nana del caballo»] y [«La rosa de maravilla»], de *Mariana Pineda*, *Bodas de sangre* y *Yerma*, respectivamente, la transformación y los títulos son míos.

BIBLIOGRAFÍA

OBRAS POÉTICAS DE FEDERICO GARCÍA LORCA

Libro de poemas, 1918-1920, Madrid, Maroto, 1921.
Poema del Cante Jondo, Nov. de 1921, Madrid, Ulises, 1931.
Primeras canciones, 1922, Madrid, Héroe, 1935.
Canciones, 1921-1924, Málaga, Litoral, 1927.
Romancero gitano, 1923-1927, Madrid, *Revista de Occidente*,
    1928.
Poeta en Nueva York, 1929-1930, México, Séneca, 1940.
Llanto por Ignacio Sánchez Mejías, 1934, Madrid, *Cruz y Raya*,
    1936.
Diván del Tamarit, 1932-1936, Buenos Aires, Losada, 1940.

ALGUNOS ESTUDIOS PRINCIPALES SOBRE LA OBRA POÉTICA DE FEDERICO GARCÍA LORCA

1. Allen, Rupert C.: *The Symbolic World of Federico García Lorca*, Albuquerque, University of New Mexico Press, 1972.

2. Alonso, Dámaso: *Poetas españoles contemporáneos*, Madrid, Gredos, 3.ª ed. aumentada, 1965.

3. Alvar, Manuel: *El Romancero-Tradicionalidad y pervivencia*, Barcelona, Planeta, 2.ª ed. corregida y muy aumentada, 1974.

4. Álvarez de Miranda, Ángel: *La metáfora y el mito*, Madrid, Taurus, 1963.

5. Auclair, Marcelle: *Vida y muerte de García Lorca*. Título de la primera edición en francés: *Enfrances et mort de García Lorca*, 1968. Primera edición en español (traducción de Aitana Alberti), México, D. F., Biblioteca Era, 1972.

6. Babí, María Teresa: *García Lorca: Vida y obra*, New York, Las Américas, 1955.

7. Barea, Arturo: *Lorca, el poeta y el pueblo*, Buenos Aires, Losada, 1956.

8. Berenguer Carisomo, Arturo: *Las máscaras de Federico García Lorca*, Buenos Aires, Editorial Universitaria de Buenos Aires, 2.ª ed. corregida y aumentada, 1969.

9. Bly, Robert: *Leaping Poetry*, Boston, Beacon Press, 1975.

10. Bousoño, Carlos: *Teoría de la expresión poética*, Madrid, Gredos, 4.ª edición muy aumentada, 1966.

11. Campbell, Roy: *Federico García Lorca*, New Haven, Yale University Press, 1952.

12. Cano, José Luis: *García Lorca: biografía ilustrada*, Barcelona, Destino, 1962.

13. Cernuda, Luis: *Estudios sobre poesía española contemporánea*, Madrid, Guadarrama, 1957.

14. Cobb, Carl W.: *Federico García Lorca*, New York, Twayne, 1967.

15. Correa, Gustavo: *La poesía mítica de Federico García Lorca*, Madrid, Gredos, 1970.

16. Couffon, Claude: *Granada y García Lorca* (traducción de Bernard Kordon), Buenos Aires, Losada, 1967.

17. Craige Betty Jean *Lorca's Poet in New York: The Fall into consciousness*, Lexington, Kentucky, University of Kentucky Press, 1977.

18. Crown, John A.: *Federico García Lorca*, Los Ángeles, 1945.
19. Debicki, Andrew P.: *Estudios sobre poesía española contemporánea*, Madrid, Gredos, 1968.
20. De la Guardia, Alfredo: *García Lorca: persona y creación*, Buenos Aires, Schapire, 1944.
21. Del Río, Ángel: *Federico García Lorca: vida y obra*, New York, Hispanic Institute, 1941.
22. De Zuleta, Emilia: *Cinco poetas españoles: (Salinas, Guillén, Lorca, Alberti, Cernuda)*, Madrid, Gredos, 1971.
23. Díaz Plaja, Guillermo: *Federico García Lorca*, Madrid, Espasa-Calpe, Colección Austral (3.ª ed.), 1961.
24. Durán, Manuel (editor): *Lorca. A Collection of Critical Essays*, Englewood Cliffs, New Jersey, Prentice-Hall Inc., 1963.
25. Durán Medina, Trinidad: *Federico García Lorca y Sevilla*, Sevilla, Diputación Provincial, 1974.
26. Eich, Cristoph: *Federico García Lorca, poeta de la intensidad*, Madrid, Gredos, versión española de Gonzalo Sobejano, 2.ª ed. revisada, 1970.
27. Eisenberg, Daniel: *Poeta en Nueva York: Historia y problemas de un texto de Lorca*, Barcelona, Ariel, 1976.
28. Feal Deibe, Carlos: *Eros y Federico García Lorca*, Barcelona, Edhasa, 1973.
29. Fleckniakoska, J. L.: *L'univers poétique de Federico García Lorca*, Bordeaux, Bière, 1952.
30. Flys, Jaroslaw M.: *El lenguaje poético de Federico García Lorca*, Madrid, Gredos, 1955.
31. Frazier, Brenda: *La mujer en la obra de García Lorca*, Madrid, Playor, 1973.
32. García Lorca, Francisco: *Three Tragedies of Federico García Lorca*, New York, New Directions Paperbook, 1955.
33. *García Lorca Review*, vol. I - vol. VII, 1973-1979, Brockport, New York, State University College.
34. Gil, Ildefonso-Manuel (editor): *Federico García Lorca. El escritor y la crítica*, Madrid, Taurus, 1973.
35. Guillén, Jorge: *Federico en persona. Semblanza y epistolario*, Buenos Aires, Emecé, 1959.
36. Henry, Albert: *Les grands poèmes andalous de Federico Gar-*

cía Lorca. (Textes originaux. Traductions françaises, études et notes), Gante, *Romanica, Gandensia,* vol. VI, 1958.

37. Higginbotham, Virginia: *The Comic Spirit of Federico García Lorca,* Austin y Londres, University of Texas Press, 1976.

38. *Homenaje al poeta García Lorca,* Barcelona, Ediciones Españolas, 1937.

39. Honig, Edwin: *García Lorca,* Norfolk Connecticut, New Directions Books, 1944. Edición en castellano. Barcelona, Laia, 1974 (traducción de Ignacio Arvizu Despujol).

40. Laffranque, Marie: *Les idées esthétiques de Federico García Lorca,* París, Centre de Recherches Hispaniques, 1967.

41. Lara Pozuelo, Antonio: *El adjetivo en la lírica de Federico García Lorca,* Barcelona, Ariel, 1973.

42. Loughran, David K.: *Federico García Lorca: The Poetry of Limits,* London, Tamesis, 1978.

43. Marín, Diego: *Poesía española: estudios y textos (siglos XV al XX),* New York, Las Americas Publishing Co., 1962.

44. Marinello, Juan: *García Lorca en Cuba,* La Habana, Ediciones Belic, 1965.

45. Martínez Nadal, Rafael: *El público. Amor, teatro y caballos en la obra de Federico García Lorca,* Oxford, The Dolphin Book Company Ltd., 1970.

46. Martínez Nadal, Rafael: *Federico García Lorca. Autógrafos I: poemas y prosas,* Oxford, The Dolphin Book Company Ltd., 1975.

47. Monleón, José: *García Lorca: Vida y obra de un poeta,* Barcelona, Aymá, 1974.

48. Mora Guarnido, José: *Federico García Lorca y su mundo,* Buenos Aires, Losada, 1958.

49. Morla Lynch, Carlos: *En España con Federico García Lorca,* Madrid, Aguilar, 1957.

50. Parrot, Louis: *Federico García Lorca,* París, Seghers, 1947.

51. Pollin, Alice M.: *A Concordance to The Plays and Poems of Federico García Lorca,* Ithaca, New York, Cornell University Press, 1975.

52. Predmore, Richard L.: *Lorca's New York Poetry,* Durham, N. C., Duke University Press, 1980.

53. Ramos-Gil, Carlos: *Claves líricas de García Lorca*, Madrid, Aguilar, 1967.
54. Rodrigo, Antonina: *García Lorca en Cataluña*, Barcelona, Planeta, 1975.
55. Rozas, Juan Manuel: *La generación del 27 desde dentro*, Madrid, Ediciones Alcalá, 1974.
56. Salinas, Pedro: *Ensayos de literatura hispánica*, Madrid, Aguilar, 2.ª ed., 1961.
57. Scarpa, R. E.: *El dramatismo en la poesía de Federico García Lorca*, Santiago de Chile, Editorial Universitaria, 1961.
58. Stanton, Edward F.: *The Tragic Myth: Lorca and «Cante Jondo»*, Lexington, Kentucky, The University of Kentucky Press, 1978.
59. Trend, John B.: *Lorca and The Spanish Poetic Tradition*, Oxford Basil Blackwell, 1955.
60. Umbral, Francisco: *Lorca, poeta maldito*, Madrid, Biblioteca Nueva, 1968.
61. Valente, José Ángel: *Las palabras de la tribu*, Madrid, Siglo XXI, 1971.
62. Young, Howard T.: *The Victorious Expression*, Madison, Wisconsin, The University of Wisconsin Press, 1966.

Para bibliografías más detalladas véanse las bibliografías de los estudios citados. Huelga decir que la bibliografía sobre Lorca es inmensa. La más completa hasta el momento es la de Arturo del Hoyo en la última edición de las *Obras completas*: García Lorca, Federico: *Obras completas*, Madrid, Aguilar, vigésima edición, 1977, II, 1353-1527.

Para bibliografías anotadas pueden consultarse:
Colecchia, Francesca (editora): *García Lorca. A Selectively Annotated Bibliography of Criticism*, Nueva York, Garland, 1979.
García Lorca, Federico: *Poema del Cante Jondo/Romancero gitano*, Madrid, Cátedra, 1977 (edición de Allen Josephs y Juan Caballero), págs. 123-131.

I. POEMAS Y CANCIONES

(De LIBRO DE POEMAS y CANCIONES)

ELEGÍA

Diciembre de 1918

(Granada)

COMO un incensario lleno de deseos,
pasas en la tarde luminosa y clara
con la carne oscura de nardo marchito
y el sexo potente sobre tu mirada.

Llevas en la boca tu melancolía
de pureza muerta, y en la dionisíaca
copa de tu vientre la araña que teje
el velo infecundo que cubre la entraña
nunca florecida con las vivas rosas
fruto de los besos.

En tus manos blancas
llevas la madeja de tus ilusiones,
muertas para siempre, y sobre tu alma
la pasión hambrienta de besos de fuego

y tu amor de madre que sueña lejanas
visiones de cunas en ambientes quietos,
hilando en los labios lo azul de la nana.

Como Ceres dieras tus espigas de oro
si el amor dormido tu cuerpo tocara,
y como la Virgen María pudieras
brotar de tus senos otra vía láctea.

Te marchitarás como la magnolia.
Nadie besará tus muslos de brasa.
Ni a tu cabellera llegarán los dedos
que la pulsen como las cuerdas de un arpa.

¡Oh mujer potente de ébano y de nardo!,
cuyo aliento tiene blancor de biznagas.
Venus del Mantón de Manila que sabe
del vino de Málaga y de la guitarra.

¡Oh cisne moreno!, cuyo lago tiene
lotos de saetas, olas de naranjas
y espumas de rojos claveles que aroman
los niños marchitos que hay bajo sus alas.

Nadie te fecunda. Mártir andaluza,
tus besos debieron ser bajo una parra
plenos del silencio que tiene la noche
y del ritmo turbio del agua estancada.

Pero tus ojeras se van agrandando
y tu pelo negro va siendo de plata;
tus senos resbalan escanciando aromas
y empieza a curvarse tu espléndida espalda.

¡Oh mujer esbelta, maternal y ardiente!
Virgen dolorosa que tiene clavadas
todas las estrellas del cielo profundo
en su corazón ya sin esperanza.

Eres el espejo de una Andalucía
que sufre pasiones gigantes y calla,
pasiones mecidas por los abanicos
y por las mantillas sobre las gargantas
que tienen temblores de sangre, de nieve,
y arañazos rojos hechos por miradas.

Te vas por la niebla del otoño, virgen
como Inés, Cecilia, y la dulce Clara,
siendo una bacante que hubiera danzado
de pámpanos verdes y vid coronada.

La tristeza inmensa que flota en tus ojos
nos dice tu vida rota y fracasada,
la monotonía de tu ambiente pobre
viendo pasar gente desde tu ventana,
oyendo la lluvia sobre la amargura
que tiene la vieja calle provinciana,
mientras que a lo lejos suenan los clamores
turbios y confusos de unas campanadas.

Mas en vano escuchaste los acentos del aire.
Nunca llegó a tus oídos la dulce serenata.
Detrás de tus cristales aún miras anhelante.
¡Qué tristeza tan honda tendrás dentro del alma
al sentir en el pecho ya cansado y exhausto
la pasión de una niña recién enamorada!

Tu cuerpo irá a la tumba intacto de emociones.
Sobre la oscura tierra brotará una alborada.
De tus ojos saldrán dos claveles sangrientos,
y de tus senos, losas como la nieve blancas.
Pero tu gran tristeza se irá con las estrellas,
como otra estrella digna de herirlas y eclipsarlas.

MADRIGAL DE VERANO

AGOSTO DE 1920

(Vega de Zujaira)

JUNTA tu roja boca con la mía,
¡oh Estrella la gitana!
Bajo el oro solar del mediodía
morderé la manzana.

En el verde olivar de la colina
hay una torre mora,
del color de tu carne campesina
que sabe a miel y aurora.

Me ofreces en tu cuerpo requemado,
el divino alimento
que da flores al cauce sosegado
y luceros al viento.

¿Cómo a mí te entregaste, luz morena?
¿por qué me diste llenos
de amor tu sexo de azucena
y el rumor de tus senos?

¿No fue por mi figura entristecida?
(¡Oh mis torpes andares!)
¿Te dio lástima acaso de mi vida,
marchita de cantares?

¿Cómo no has preferido a mis lamentos
los muslos sudorosos

de un San Cristóbal campesino, lentos
en el amor y hermosos?

Danaide del placer eres conmigo.
Femenino Silvano.
Huelen tus besos como huele el trigo
reseco del verano.

Entúrbiame los ojos con tu canto.
Deja tu cabellera
extendida y solemne como un manto
de sombra en la pradera.

Píntame con tu boca ensangrentada
un cielo del amor,
en un fondo de carne la morada
estrella de dolor.

Mi pegaso andaluz está cautivo
de tus ojos abiertos;
volará desolado y pensativo
cuando los vea muertos.

Y aunque no me quisieras te querría
por tu mirar sombrío,
como quiere la alondra al nuevo día,
sólo por el rocío.

Junta tu roja boca con la mía,
¡oh Estrella la gitana!
Déjame bajo el claro mediodía
consumir la manzana.

BALADA DE UN DÍA DE JULIO

Julio de 1919

ESQUILONES de plata
llevan los bueyes.

–¿Dónde vas, niña mía,
de sol y nieve?

–Voy a las margaritas
del prado verde.

–El prado está muy lejos
y miedo tienes.

–Al airón y a la sombra
mi amor no teme.

–Teme al sol, niña mía,
de sol y nieve.

–Se fue de mis cabellos
ya para siempre.

–¿Quién eres, blanca niña?
¿De dónde vienes?

–Vengo de los amores
y de las fuentes.

Esquilones de plata
llevan los bueyes.

–¿Qué llevas en la boca
que se te enciende?

–La estrella de mi amante
que vive y muere.

–¿Qué llevas en el pecho,
tan fino y leve?

–La espada de mi amante
que vive y muere.

–¿Qué llevas en los ojos,
negro y solemne?

–Mi pensamiento triste
que siempre hiere.

–¿Por qué llevas un manto
negro de muerte?

–¡Ay, yo soy la viudita,
triste y sin bienes,

del conde del Laurel
de los Laureles!

–¿A quién buscas aquí,
si a nadie quieres?

–Busco el cuerpo del conde
de los Laureles.

–¿Tú buscas el amor,
viudita aleve?
Tú buscas un amor
que ojalá encuentres.

–Estrellitas del cielo
son mis quereres,
¿dónde hallaré a mi amante
que vive y muere?

–Está muerto en el agua,
niña de nieve,
cubierto de nostalgias
y de claveles.

–¡Ay!, caballero errante
de los cipreses,
una noche de luna
mi alma te ofrece.

–¡Ah Isis soñadora!
Niña sin mieles,
la que en boca de niños
su cuento vierte.
Mi corazón te ofrezco.
Corazón tenue,
herido por los ojos
de las mujeres.

–Caballero galante,
con Dios te quedes.
Voy a buscar al conde
de los Laureles.

–Adiós, mi doncellita,
rosa durmiente,
tú vas para el amor
y yo a la muerte.

Esquilones de plata
llevan los bueyes.

Mi corazón desangra
como una fuente.

CHOPO MUERTO

1920

¡CHOPO viejo!
Has caído
en el espejo
del remanso dormido,
abatiendo tu frente
ante el Poniente.
No fue el vendaval ronco
el que rompió tu tronco,
ni fue el hachazo grave
del leñador, que sabe
has de volver
a nacer.

Fue tu espíritu fuerte
el que llamó a la muerte,
al hallarse sin nidos, olvidado
de los chopos infantes del prado.
Fue que estabas sediento
de pensamiento,
y tu enorme cabeza centenaria,
solitaria,
escuchaba los lejanos
cantos de tus hermanos.

En tu cuerpo guardabas
las lavas
de tu pasión.

y en tu corazón,
el semen sin futuro de Pegaso.
La terrible simiente
de un amor inocente
por el sol del ocaso.

¡Qué amargura tan honda
para el paisaje,
el héroe de la fronda
sin ramaje!

Ya no serás la cuna
de la luna,
ni la mágica risa
de la brisa,
ni el bastón de un lucero
caballero.

No tornará la primavera
de tu vida,
ni verás la sementera
florecida.
Serás nidal de ranas
y de hormigas.

Tendrás por verdes canas
las ortigas,
y un día la corriente
sonriente
llevará tu corteza
con tristeza.

¡Chopo viejo!
Has caído
en el espejo
del remanso dormido.
Yo te vi descender
en el atardecer

y escribo tu elegía,
que es la mía.

LA LUNA Y LA MUERTE

1919

LA luna tiene dientes de marfil.
¡Qué vieja y triste asoma!
Están los cauces secos,
los campos sin verdores
y los árboles mustios
sin nidos y sin hojas.
Doña Muerte, arrugada,
pasea por sauzales
con su absurdo cortejo
de ilusiones remotas.
Va vendiendo colores
de cera y de tormenta
como un hada de cuento
mala y enredadora.

La luna le ha comprado
pinturas a la Muerte.
En esta noche turbia
¡está la luna loca!

Yo mientras tanto pongo
en mi pecho sombrío
una feria sin músicas
con las tiendas de sombra.

MANANTIAL

(Fragmento)

1919

LA sombra se ha dormido en la pradera.
Los manantiales cantan.

Frente al ancho crepúsculo de invierno
mi corazón soñaba.
¿Quién pudiera entender los manantiales,
el secreto del agua
recién nacida, ese cantar oculto
a todas las miradas
del espíritu, dulce melodía
más allá de las almas...?

Luchando bajo el peso de la sombra,
un manantial cantaba.
Yo me acerqué para escuchar su canto,
pero mi corazón no entiende nada.

Era un brotar de estrellas invisibles
sobre la hierba casta,
nacimiento del Verbo de la tierra
por un sexo sin mancha.

Mi chopo centenario de la vega
sus hojas meneaba,
y eran hojas trémulas de ocaso
como estrellas de plata.

El resumen de un cielo de verano
era el gran chopo.
                    Mansas
y turbias de penumbra yo sentía
las canciones del agua.

    ¿Qué alfabeto de auroras ha compuesto
sus oscuras palabras?
¿Qué labios las pronuncian? ¿Y qué dicen
a la estrella lejana?
¡Mi corazón es malo, Señor! Siento en mi carne
la inaplacable brasa
del pecado. Mis mares interiores
se quedaron sin playas.
Tu faro se apagó. ¡Ya los alumbra
mi corazón de llamas!
Pero el negro secreto de la noche
y el secreto del agua
¿son misterios tan sólo para el ojo
de la conciencia humana?
¿La niebla del misterio no estremece
al árbol, el insecto y la montaña?
¿El terror de la sombra no lo sienten
las piedras y las plantas?
¿Es sonido tan sólo esta voz mía?
¿Y el casto manantial no dice nada?

    Mas yo siento en el agua
algo que me estremece..., como un aire
que agita los ramajes de mi alma.

    ¡Sé árbol!
                    (Dijo una voz en la distancia.)
Y hubo un torrente de luceros
sobre el cielo sin mancha.

    Yo me incrusté en el chopo centenario
con tristeza y con ansia.

Cual Dafne varonil que huye miedosa
de un Apolo de sombra y de nostalgia
Mi espíritu fundióse con las hojas
y fue mi sangre savia.
En untuosa resina convirtióse
la fuente de mis lágrimas.
El corazón se fue con las raíces,
y mi pasión humana,
haciendo heridas en la ruda carne,
fugaz me abandonaba.

    Frente al ancho crepúsculo de invierno
yo torcía las ramas
gozando de los ritmos ignorados
entre la brisa helada.

    Sentí sobre mis brazos dulces nidos,
acariciar de alas,
y sentí mil abejas campesinas
que en mis dedos zumbaban.
¡Tenía una colmena de oro vivo
en las viejas entrañas!
El paisaje y la tierra se perdieron,
sólo el cielo quedaba,
y escuché el débil ruido de los astros
y el respirar de las montañas.

    ¿No podrán comprender mis dulces hojas
el secreto del agua?
¿Llegarán mis raíces a los reinos
donde nace y se cuaja?
Incliné mis ramajes hacia el cielo
que las ondas copiaban,
mojé las hojas en el cristalino
diamante azul que canta,
y sentí borbotar los manantiales
como de humano yo los escuchara.

Era el mismo fluir lleno de música
y de ciencia ignorada.

Al levantar mis brazos gigantescos
frente al azul, estaba
lleno de niebla espesa, de rocío
y de luz marchitada.

Tuve la gran tristeza vegetal,
el amor a las alas.
Para poder lanzarse con los vientos
a las estrellas blancas.
Pero mi corazón en las raíces
triste me murmuraba:
«Si no comprendes a los manantiales,
¡muere y troncha tus ramas!»

¡Señor, arráncame del suelo! ¡Dame oídos
que entiendan a las aguas!
Dame una voz que por amor arranque
su secreto a las ondas encantadas;
para encender su faro sólo pido
aceite de palabras.

«¡Sé ruiseñor!», dice una voz perdida
en la muerta distancia,
y un torrente de cálidos luceros
brotó del seno que la noche guarda.

. . . .
. . . .

OTRO SUEÑO

1919

¡UNA golondrina vuela
hacia muy lejos…!

Hay floraciones de rocío
sobre mi sueño,
y mi corazón da vueltas
lleno de tedio,
como un tiovivo en que la Muerte
pasea a sus hijuelos.

¡Quisiera en estos árboles
atar al tiempo
con un cable de noche negra,
y pintar luego
con mi sangre las riberas
pálidas de mis recuerdos!
¿Cuántos hijos tiene la Muerte?
¡Todos están en mi pecho!

¡Una golondrina viene
de muy lejos!

EL MACHO CABRÍO

1919

EL rebaño de cabras ha pasado
junto al agua del río.

En la tarde de rosa y de zafiro,
llena de paz romántica,
yo miro
el gran macho cabrío.

¡Salve, demonio mudo!
Eres el más
intenso animal.
Místico eterno
del infierno
carnal...

¡Cuántos encantos
tiene tu barba,
tu frente ancha,
rudo Don Juan!
¡Qué gran acento el de tu mirada
mefistofélica
y pasional!

Vas por los campos
con tu manada,
hecho un eunuco
¡siendo un sultán!
Tu sed de sexo
nunca se apaga
¡bien aprendiste
del padre Pan!

La cabra
lenta te va siguiendo,
enamorada con humildad;
mas tus pasiones son insaciables;
Grecia vieja
te comprenderá.

¡Oh ser de hondas leyendas santas
de ascetas flacos y Satanás,

con piedras negras y cruces toscas,
con fieras mansas y cuevas hondas,
donde te vieron entre la sombra
soplar la llama
de lo sexual!

¡Machos cornudos
de bravas barbas!
¡Resumen negro a lo medieval!
Nacisteis junto con Filomedes
entre la espuma casta del mar,
y vuestras bocas
la acariciaron
bajo el asombro del mundo astral.

Sois de los bosques llenos de rosas
donde la luz es huracán;
sois de los prados de Anacreonte,
llenos con sangre de lo inmortal.

¡Machos cabríos!
Sois metamorfosis
de viejos sátiros
perdidos ya.
Vais derramando lujuria virgen
como no tuvo otro animal.

¡Iluminados del Mediodía!
Pararse en firme
para escuchar
que desde el fondo de las campiñas
el gallo os dice:
«¡Salud!» al pasar.

CANCIÓN CHINA EN EUROPA

A mi ahijada Isabel Clara

LA señorita
del abanico
va por el puente
del fresco río.

Los caballeros
con sus levitas
miran el puente
sin barandillas.

La señorita
del abanico
y los volantes
busca marido.

Los caballeros
están casados
con altas rubias
de idioma blanco.

Los grillos cantan
por el Oeste.
(La señorita
va por lo verde.)
Los grillos cantan
bajo las flores.
(Los caballeros
van por el Norte.)

PAISAJE

A Rita, Concha,
Pepe y Carmencica

LA tarde equivocada
se vistió de frío.

Detrás de los cristales,
turbios, todos los niños,
ven convertirse en pájaros
un árbol amarillo.

La tarde está tendida
a lo largo del río.
Y un rubor de manzana
tiembla en los tejadillos.

CANCIÓN DE JINETE

(1860)

EN la luna negra
de los bandoleros
cantan las espuelas.

Caballito negro.
¿Dónde llevas tu jinete muerto?

    ... Las duras espuelas
del bandido inmóvil
que perdió las riendas.

    Caballito frío.
¡Qué perfume de flor de cuchillo!

    En la luna negra
sangraba el costado
de Sierra Morena.

    Caballito negro.
¿Dónde llevas tu jinete muerto?

    La noche espolea
sus negros ijares
clavándose estrellas.

    Caballito frío.
¡Qué perfume de flor de cuchillo!

    En la luna negra,
¡un grito! y el cuerno
largo de la hoguera.

    Caballito negro.
¿Dónde llevas tu jinete muerto?

CANCIÓN DE JINETE

    CÓRDOBA.
Lejana y sola.

Jaca negra, luna grande,
y aceitunas en mi alforja.
Aunque sepa los caminos
yo nunca llegaré a Córdoba.

Por el llano, por el viento,
jaca negra, luna roja.
La muerte me está mirando
desde las torres de Córdoba.

¡Ay qué camino tan largo!
¡Ay mi jaca valerosa!
¡Ay que la muerte me espera,
antes de llegar a Córdoba!

Córdoba.
Lejana y sola.

ES VERDAD

¡AY qué trabajo me cuesta
quererte como te quiero!
Por tu amor me duele el aire,

el corazón
y el sombrero.

¿Quién me compraría a mí
este cintillo que tengo
y esta tristeza de hilo
blanco, para hacer pañuelos?

¡Ay qué trabajo me cuesta
quererte como te quiero!

ARBOLÉ ARBOLÉ

ARBOLÉ arbolé
seco y verdé.

La niña de bello rostro
está cogiendo aceituna.
El viento, galán de torres,
la prende por la cintura.
Pasaron cuatro jinetes,
sobre jacas andaluzas,
con trajes de azul y verde,
con largas capas oscuras.
«Vente a Córdoba, muchacha.»
La niña no los escucha.
Pasaron tres torerillos
delgaditos de cintura,
con trajes color naranja
y espadas de plata antigua.
«Vente a Sevilla, muchacha.»
La niña no los escucha.
Cuando la tarde se puso
morada, con luz difusa,
pasó un joven que llevaba
rosas y mirtos de luna.
«Vente a Granada, muchacha.»
Y la niña no lo escucha.
La niña de bello rostro
sigue cogiendo aceituna,
con el brazo gris del viento
ceñido por la cintura.

Arbolé arbolé
seco y verdé.

A IRENE GARCÍA

(Criada)

EN el soto
los alamillos bailan
uno con otro.
Y el arbolé,
con sus cuatro hojitas,
baila también.

¡Irene!
Luego vendrán las lluvias
y las nieves.
Baila sobre lo verde.

Sobre lo verde verde,
que te acompaño yo.

¡Ay cómo corre el agua!
¡Ay mi corazón!

En el soto,
los alamillos bailan
uno con otro.
Y el arbolé,
con sus cuatro hojitas,
baila también.

CANCIÓN DEL MARIQUITA

EL mariquita se peina
en su peinador de seda.

Los vecinos se sonríen
en sus ventanas postreras.

El mariquita organiza
los bucles de su cabeza.

Por los patios gritan loros,
surtidores y planetas.

El mariquita se adorna
con un jazmín sinvergüenza.

La tarde se pone extraña
de peines y enredaderas.

El escándalo temblaba
rayado como una cebra.

¡Los mariquitas del Sur
cantan en las azoteas!

LA LUNA ASOMA

CUANDO sale la luna
se pierden las campanas

y aparecen las sendas
impenetrables.

Cuando sale la luna,
el mar cubre la tierra
y el corazón se siente
isla en el infinito.

Nadie come naranjas
bajo la luna llena.
Es preciso comer
fruta verde y helada.

Cuando sale la luna
de cien rostros iguales,
la moneda de plata
solloza en el bolsillo.

PRIMER ANIVERSARIO

LA niña va por mi frente.
¡Oh, qué antiguo sentimiento!

¿De qué me sirve, pregunto,
la tinta, el papel y el verso?

Carne tuya me parece,
rojo lirio, junco fresco.

Morena de luna llena.
¿Qué quieres de mi deseo?

SUSTO EN EL COMEDOR

ERAS rosa.
Te pusiste alimonada.

¿Qué intención viste en mi mano
que casi te amenazaba?

Quise las manzanas verdes.
No las manzanas rosadas...

alimonada...

(Grulla dormida la tarde,
puso en tierra la otra pata.)

LA SOLTERA EN MISA

BAJO el Moisés del incienso,
adormecida.

Ojos de toro te miraban.
Tu rosario llovía.

Con ese traje de profunda seda,
no te muevas, Virginia.

Da los negros melones de tus pechos
al rumor de la misa.

SERENATA

(Homenaje a Lope de Vega)

POR las orillas del río
se está la noche mojando
y en los pechos de Lolita
se mueren de amor los ramos.

Se mueren de amor los ramos.

La noche canta desnuda
sobre los puentes de marzo.
Lolita lava su cuerpo
con agua salobre y nardos.

Se mueren de amor los ramos.

La noche de anís y plata
relumbra por los tejados.
Plata de arroyos y espejos:
Anís de tus muslos blancos.

Se mueren de amor los ramos.

EN MÁLAGA

SUNTUOSA Leonarda.
Carne pontifical y traje blanco,

en las barandas de «Villa Leonarda».
Expuesta a los tranvías y a los barcos.
Negros torsos bañistas oscurecen
la ribera del mar. Oscilando
–concha y lota a la vez–
viene tu culo
de Ceres en retórica de mármol.

DESPEDIDA

SI muero,
dejad el balcón abierto.

El niño come naranjas.
(Desde mi balcón lo veo.)
El segador siega el trigo.

(Desde mi balcón lo siento.)

¡Si muero,
dejad el balcón abierto!

SUICIDIO

*(Quizá fue por no saberte
la Geometría)*
EL jovencito se olvidaba.
Eran las diez de la mañana.

Su corazón se iba llenando
de alas rotas y flores de trapo.

Notó que ya no le quedaba
en la boca más que una palabra.

Y al quitarse los guantes, caía,
de sus manos, suave ceniza.

Por el balcón se veía una torre.
Él se sintió balcón y torre.

Vio, sin duda, cómo le miraba
el reloj detenido en su caja.

Vio su sombra tendida y quieta
en el blanco diván de seda.

Y el joven rígido, geométrico,
con un hacha rompió el espejo.

Al romperlo, un gran chorro de sombra
inundó la quimérica alcoba.

DE OTRO MODO

LA hoguera pone al campo de la tarde
unas astas de ciervo enfurecido.
Todo el valle se tiende. Por sus lomos,
caracolea el vientecillo.

El aire cristaliza bajo el humo.
–Ojo de gato triste y amarillo–.

Yo, en mis ojos, paseo por las ramas,
Las ramas se pasean por el río.

Llegan mis cosas esenciales.
Son estribillos de estribillos.
Entre los juncos y la baja tarde,
¡qué raro que me llame Federico!

II. ANDALUCÍA MÍTICA

(Canciones populares, POEMAS DEL
CANTE JONDO y ROMANCERO GITANO)

EL CAFÉ DE CHINITAS

1

EN el café de Chinitas
dijo Paquiro a su hermano:
«Soy más valiente que tú,
más torero y más gitano.»

2

En el café de Chinitas
dijo Paquiro a Frascuelo:
«Soy más valiente que tú,
más gitano y más torero.»

3

Sacó Paquiro el reló
y dijo de esta manera:

«Este toro ha de morir
antes de las cuatro y media.»

4

Al dar las cuatro en la calle
se salieron del café
y era Paquiro en la calle
un torero de cartel.

SEVILLANAS DEL SIGLO XVIII

1

¡VIVA Sevilla!
Llevan las sevillanas
en la mantilla
un letrero que dice:
¡Viva Sevilla!

¡Viva Triana!
¡Vivan los trianeros,
los de Triana!
¡Vivan los sevillanos
y sevillanas!

2

Lo traigo andado.
La Macarena y todo
lo traigo andado.

Lo traigo andado;
cara como la tuya
no la he encontrado.
La Macarena y todo
lo traigo andado.

3

Ay río de Sevilla,
qué bien pareces
lleno de velas blancas
y ramas verdes.

LAS MORILLAS DE JAÉN

CANCION POPULAR DEL SIGLO XV

TRES moricas me enamoran
en Jaén:
Axa y Fátima y Marién.

Tres moricas tan garridas
iban a coger olivas
y hallábanlas cogidas
en Jaén:
Axa y Fátima y Marién.

Y hallábanlas cogidas
y tornaban desmaídas
y las colores perdidas
en Jaén:
Axa y Fátima y Marién.

Tres moricas tan lozanas
iban a coger manzanas
y hallábanlas tomadas
en Jaén:
Axa y Fátima y Marién.

Díjeles: ¿Quién sois, señoras,
de mi vida robadoras?
Cristianas que éramos moras
en Jaén:
Axa y Fátima y Marién.

ZORONGO

LAS manos de mi cariño
te están bordando una capa
con agremán de alhelíes
y con esclavina de agua.
Cuando fuiste novio mío,
por la primavera blanca,
los cascos de tu caballo
cuatro sollozos de plata.
La luna es un pozo chico,
las flores no valen nada,
lo que valen son tus brazos
cuando de noche me abrazan,
lo que valen son tus brazos
cuando de noche me abrazan.

ROMANCE DE DON BOYSO

CAMINA Don Boyso
mañana fría
a tierra de moros
a buscar amiga.
–¿Qué haces, ahí, mora,
hija de judía?
Deja a mi caballo
beber agua fría.
–Reviente el caballo
y quien lo traía,
que yo no soy mora
ni hija de judía.
Soy una cristiana
que aquí estoy cativa.
–Si fueras cristiana,
yo te llevaría
y en paños de seda
yo te envolvería;
pero si eres mora,
yo te dejaría.

Montóla a caballo
por ver qué decía;
en las siete leguas
no hablara la niña.
Al pasar un campo
de verdes olivas,
por aquellos prados,
qué llantos hacía.
–¡Ay prados! ¡Ay prados!,

prados de mi vida.
Cuando el rey mi padre
plantó aquí esta oliva,
él se la plantara,
yo se la tenía,
la reina mi madre
la seda torcía,
mi hermano Don Boyso
los toros corría
—¿Y cómo te llamas?
—Yo soy Rosalinda,
que así me pusieron
porque al ser nacida
una linda rosa
n'el pecho tenía.
—Pues tú, por las señas,
mi hermana serías.
Abra la mi madre
puertas de alegría,
por traerla nuera
le traigo su hija.

[ROMANCE DE TOROS EN RONDA]

EN la corrida más grande
que se vio en Ronda la vieja.
Cinco toros de azabache,
con divisa verde y negra
Yo pensaba siempre en ti;
yo pensaba: ¡si estuviera
conmigo mi triste amiga,
mi Marianita Pineda!
Las niñas venían gritando

sobre pintadas calesas
con abanicos redondos
bordados de lentejuelas.
Y los jóvenes de Ronda
sobre jacas pintureras,
los anchos sombreros grises
calados hasta las cejas.
La plaza, con el gentío
(calañés y altas peinetas)
giraba como un zodiaco
de risas blancas y negras.
Y cuando el gran Cayetano
cruzó la pajiza arena
con traje color manzana,
bordado de plata y seda,
destacándose gallardo
entre la gente de brega
frente a los toros zaínos
que España cría en su tierra,
parecía que la tarde
se ponía más morena.
¡Si hubieras visto con qué
gracia movía las piernas!
¡Qué gran equilibrio el suyo
con la capa y la muleta!
Ni Pepe-Hillo ni nadie
toreó como él torea.
Cinco toros mató; cinco,
con divisa verde y negra.
En la punta de su estoque
cinco flores dejó abiertas,
y en cada instante rozaba
los hocicos de las fieras,
como una gran mariposa
de oro con alas bermejas.
La plaza, al par que la tarde,
vibraba fuerte, violenta,

y entre el olor de la sangre
iba el olor de la sierra.
Yo pensaba siempre en ti;
yo pensaba: ¡si estuviera
conmigo mi triste amiga,
mi Marianita Pineda!

[NANA DEL CABALLO]

NANA, niño, nana
del caballo grande
que no quiso el agua.
El agua era negra
dentro de las ramas.
Cuando llega al puente
se detiene y canta.
¿Quién dirá, mi niño,
lo que tiene el agua
con su larga cola
por su verde sala?

Duérmete, clavel,
que el caballo no quiere beber.
Duérmete, rosal,
que el caballo se pone a llorar.

Las patas heridas,
las crines heladas,
dentro de los ojos
un puñal de plata.
Bajaban al río.
¡Ay, cómo bajaban!
La sangre corría
más fuerte que el agua.

Duérmete, clavel,
que el caballo no quiere beber.
Duérmete, rosal,
que el caballo se pone a llorar.

No quiso tocar
la orilla mojada,
su belfo caliente
con moscas de plata.
A los montes duros
solo relinchaba
con el río muerto
sobre la garganta.
¡Ay caballo grande
que no quiso el agua!
¡Ay dolor de nieve,
caballo del alba!
¡No vengas! Detente,
cierra la ventana
con rama de sueños
y sueño de ramas.

Mi niño se duerme.
Mi niño se calla.
Caballo, mi niño
tiene una almohada.
Su cuna de acero.
Su colcha de holanda.
Nana, niño, nana.
¡Ay caballo grande
que no quiso el agua!
¡No vengas, no entres!
Vete a la montaña.
Por los valles grises
donde está la jaca.
Mi niño se duerme.
Mi niño descansa.

Duérmete, clavel,
que el caballo no quiere beber.
Duérmete, rosal,
que el caballo se pone a llorar.

Las patas heridas,
las crines heladas,
dentro de los ojos
un puñal de plata.
Bajaban al río.
La sangre corría
más fuerte que el agua.

Duérmete, clavel,
que el caballo se pone a beber.
Duérmete, rosal,
que el caballo se pone a llorar.

Nana, niño, nana.
¡Ay, caballo grande,
que no quiso el agua!
¡No vengas, no entres!
¡Vete a la montaña!
¡Ay dolor de nieve,
caballo del alba!
Mi niño se duerme...
Mi niño descansa...

Duérmete, clavel,
que el caballo no quiere beber.
Duérmete, rosal,
que el caballo se pone a llorar.

[LA ROSA DE MARAVILLA]

I

SEÑOR, que florezca la rosa,
no me la dejéis en sombra.
Sobre su carne marchita
florezca la rosa amarilla.
Y en el vientre de tus siervas
la llama oscura de la tierra.
Señor, que florezca la rosa,
no me la dejéis en sombra.

El cielo tiene jardines
con rosales de alegría,
entre rosal y rosal
la rosa de maravilla.
Rayo de aurora parece,
y un arcángel la vigila,
las alas como tormentas,
los ojos como agonía.
Alrededor de sus hojas
arroyos de leche tibia
juegan y mojan la cara
de las estrellas tranquilas.

Señor, abre tu rosal
sobre mi carne marchita.

Señor, calma con tu mano
las ascuas de su mejilla.
Escucha a la penitente
de tu santa romería.

Abre tu rosa en mi carne
aunque tenga mil espinas.

Señor, que florezca la rosa,
no me la dejéis en sombra.

Sobre mi carne marchita,
la rosa de maravilla.

II

En el río de la sierra
la esposa triste se bañaba.
Por el cuerpo le subían
los caracoles del agua.
La arena de las orillas
y el aire de la mañana
le daban fuego a su risa
y temblor a sus espaldas.
¡Ay, qué desnuda estaba
la doncella en el agua!
¡Ay, cómo se quejaba!
¡Ay, marchita de amores
con el viento y el agua!
¡Que diga a quién espera!
¡Que diga a quién aguarda!
¡Ay, con el vientre seco
y la color quebrada!

Cuando llegue la noche lo diré,
cuando llegue la noche clara.
Cuando llegue la noche de la romería
rasgaré los volantes de mi enagua.

Y en seguida vino la noche.
¡Ay, que la noche llegaba!

Mirad qué oscuro se pone
el chorro de la montaña.
¡Ay, qué blanca
la triste casada!
¡Ay, cómo se queja entre las ramas!
Amapola y clavel será luego
cuando el macho despliegue su capa.

Si tú vienes a la romería
a pedir que tu vientre se abra,
no te pongas un velo de luto,
sino dulce camisa de holanda.
Vete sola detrás de los muros,
donde están las higueras cerradas,
y soporta mi cuerpo de tierra
hasta el blanco gemido del alba.
¡Ay, cómo relumbra!
¡Ay, cómo relumbraba,
ay, cómo se cimbrea la casada!

¡Ay, que el amor le pone
coronas y guirnaldas,
y dardos de oro vivo
en su pecho se clavan!

Siete veces gemía,
nueve se levantaba,
quince veces juntaron
jazmines con naranjas.

¡Dale ya con el cuerno!
¡Con la rosa y la danza!
¡Ay, cómo se cimbrea la casada!

En esta romería
el varón siempre manda.
Los maridos son toros.
El varón siempre manda,

y las romeras flores,
para aquel que las gana.

¡Dale ya con el aire!
¡Dale ya con la rama!
¡Venid a ver la lumbre
de la que se bañaba!
Como junco se curva.
Y como flor se cansa.
¡Que se aparten las niñas!
Que se queme la danza
y el cuerpo reluciente
de la linda casada.

El cielo tiene jardines
con rosales de alegría,
entre rosal y rosal,
la rosa de maravilla

BALADILLA DE LOS TRES RÍOS

A Salvador Quintero

EL río Guadalquivir
va entre naranjos y olivos.
Los dos ríos de Granada
bajan de la nieve al trigo.

¡Ay, amor
Que se fue y no vino!

El río Guadalquivir
tiene la barbas granates.

Los dos ríos de Granada
uno llanto y otro sangre.

¡Ay, amor
que se fue por el aire!

Para los barcos de vela
Sevilla tiene un camino;
por el agua de Granada
sólo reman los suspiros.

¡Ay, amor
que se fue y no vino!

Guadalquivir, alta torre
y viento en los naranjales.
Darro y Genil, torrecillas
muertas sobre los estanques.

¡Ay, amor
que se fue por el aire!

¡Quién dirá que el agua lleva
un fuego fatuo de gritos!

¡Ay, amor
que se fue y no vino!

Lleva azahar, lleva olivas,
Andalucía, a tus mares.

¡Ay, amor
que se fue por el aire!

POEMA DE LA SIGUIRIYA GITANA

A Carlos Morla Vicuña

PAISAJE

EL campo
de olivos
se abre y se cierra
como un abanico.
Sobre el olivar
hay un cielo hundido
y una lluvia oscura
de luceros fríos.
Tiembla junco y penumbra
a la orilla del río.
Se riza el aire gris.
Los olivos
están cargados
de gritos.
Una bandada
de pájaros cautivos,
que mueven sus larguísimas
colas en lo sombrío.

LA GUITARRA

EMPIEZA el llanto
de la guitarra.

Se rompen las copas
de la madrugada.
Empieza el llanto
de la guitarra.
Es inútil
callarla.
Es imposible
callarla.
Llora monótona
como llora el agua,
como llora el viento
sobre la nevada.
Es imposible
callarla.
Llora por cosas
lejanas.
Arena del Sur caliente
que pide camelias blancas.
Llora flecha sin blanco,
la tarde sin mañana,
y el primer pájaro muerto
sobre la rama.
¡Oh guitarra!
Corazón malherido
por cinco espadas.

EL GRITO

LA elipse de un grito,
va de monte
a monte.

Desde los olivos
será un arco iris negro
sobre la noche azul.

¡Ay!

Como un arco de viola
el grito ha hecho vibrar
largas cuerdas del viento.

¡Ay!

(Las gentes de las cuevas
asoman sus velones.)

¡Ay!

EL SILENCIO

OYE, hijo mío, el silencio.
Es un silencio ondulado,
un silencio,
donde resbalan valles y ecos
y que inclina las frentes
hacia el suelo.

EL PASO DE LA SIGUIRIYA

ENTRE mariposas negras,
va una muchacha morena

junto a una blanca serpiente
de niebla.

Tierra de luz,
cielo de tierra.

Va encadenada al temblor
de un ritmo que nunca llega;
tiene el corazón de plata
y un puñal en la diestra.

¿Adónde vas, siguiriya,
con un ritmo sin cabeza?
¿Qué luna recogerá
tu dolor de cal y adelfa?

Tierra de luz,
cielo de tierra.

DESPUÉS DE PASAR

LOS niños miran
un punto lejano.

Los candiles se apagan.
Unas muchachas ciegas
preguntan a la luna,
y por el aire ascienden
espirales de llanto.

Las montañas miran
un punto lejano.

Y DESPUÉS

LOS laberintos
que crea el tiempo,
se desvanecen.

(Sólo queda
el desierto.)

El corazón,
fuente del deseo,
se desvanece.

(Sólo queda
el desierto.)

La ilusión de la aurora
y los besos,
se desvanecen.

Sólo queda el desierto.
Un ondulado
desierto.

POEMA DE LA SOLEÁ

A Jorge Zalamea

EVOCACION

TIERRA seca
tierra quieta
de noches
inmensas.

(Viento en el olivar,
viento en la sierra.)

Tierra
vieja
del candil
y la pena.
Tierra
de las hondas cisternas.
Tierra
de la muerte sin ojos
y las flechas.

(Viento por los caminos.
Brisa en las alamedas.)

PUEBLO

SOBRE el monte pelado
un calvario.
Agua clara
y olivos centenarios.
Por las callejas
hombres embozados,
y en las torres
veletas girando.
Eternamente
girando.
¡Oh pueblo perdido,
en la Andalucía del llanto!

PUÑAL

EL puñal
entra en el corazón
como la reja del arado
en el yermo.

No.
No me lo claves.
No.

El puñal,
como un rayo de sol,
incendia las terribles
hondonadas.

> *No.*
> *No me lo claves.*
> *No.*

ENCRUCIJADA

VIENTO del Este;
un farol
y el puñal
en el corazón.
La calle
tiene un temblor
de cuerda
en tensión,
un temblor
de enorme moscardón.
Por todas partes
yo
veo el puñal
en el corazón.

¡AY!

EL grito deja en el viento
una sombra de ciprés.

(Dejadme en este campo
llorando.)

Todo se ha roto en el mundo.
No queda más que el silencio.

(Dejadme en este campo
llorando.)

El horizonte sin luz
está mordido de hogueras.

(Ya os he dicho que me dejéis
en este campo
llorando.)

SORPRESA

MUERTO se quedó en la calle
con un puñal en el pecho.
No lo conocía nadie.
¡Cómo temblaba el farol!
Madre.
¡Cómo temblaba el farolito
de la calle!
Era madrugada. Nadie
pudo asomarse a sus ojos
abiertos al duro aire.
Que muerto se quedó en la calle
que con un puñal en el pecho
y que no lo conocía nadie.

LA SOLEÁ

VESTIDA con mantos negros
piensa que el mundo es chiquito
y el corazón es inmenso.

Vestida con mantos negros.

Piensa que el suspiro tierno
y el grito, desaparecen
en la corriente del viento.

Vestida con mantos negros.

Se dejó el balcón abierto
y al alba por el balcón
desembocó todo el cielo.

*¡Ay yayayayay,
que vestida con mantos negros!*

CUEVA

DE la cueva salen
largos sollozos.

(Lo cárdeno
sobre lo rojo.)

El gitano evoca
países remotos.

(Torres altas y hombres
misteriosos.)

En la voz entrecortada
van sus ojos.

(Lo negro
sobre lo rojo.)

Y la cueva encalada
tiembla en el oro.

(Lo blanco
sobre lo rojo.)

ENCUENTRO

NI tú ni yo estamos
en disposición
de encontrarnos.
Tú... por lo que ya sabes.
¡Yo la he querido tanto!
Sigue esa veredita
En las manos,
tengo los agujeros
de los clavos.
¿No ves cómo me estoy
desangrando?
No mires nunca atrás,
vete despacio

y reza como yo
a San Cayetano,
que ni tú ni yo estamos
en disposición
de encontrarnos.

ALBA

CAMPANAS de Córdoba
en la madrugada.
Campanas de amanecer
en Granada.
Os sienten todas las muchachas
que lloran a la tierra
soleá enlutada.
Las muchachas,
de Andalucía la alta
y la baja.
Las niñas de España,
de pie menudo
y temblorosas faldas,
que han llenado de luces
las encrucijadas.
¡Oh, campanas de Córdoba
en la madrugada,
y oh, campanas de amanecer
en Granada!

POEMA DE LA SAETA

A Francisco Iglesias

Arqueros

LOS arqueros oscuros
a Sevilla se acercan.

Guadalquivir abierto.

Anchos sombreros grises,
largas capas lentas.

¡Ay, Guadalquivir!

Vienen de los remotos
países de la pena.

Guadalquivir abierto.

Y van a un laberinto.
Amor, cristal y piedra.

¡Ay, Guadalquivir!

NOCHE

CIRIO, candil,
farol y luciérnaga.

La constelación
de la saeta.

Ventanitas de oro
tiemblan,
y en la aurora se mecen
cruces superpuestas.

Cirio, candil,
farol y luciérnaga.

SEVILLA

SEVILLA es una torre
llena de arqueros finos.

Sevilla para herir
Córdoba para morir.

Una ciudad que acecha
largos ritmos,
y los enrosca
como laberintos.
Como tallos de parra
encendidos.

¡Sevilla para herir!

Bajo el arco del cielo,
sobre su llano limpio,
dispara la constante
saeta de su río.

¡Córdoba para morir!

Y loca de horizonte,
mezcla en su vino,
lo amargo de Don Juan
y lo perfecto de Dionisio.

Sevilla para herir.
¡Siempre Sevilla para herir!

PROCESIÓN

POR la calleja vienen
extraños unicornios.
¿De qué campo,
de qué bosque mitológico?
Más cerca,
ya parecen astrónomos.
Fantásticos Merlines
y el Ecce Homo,
Durandarte encantado,
Orlando furioso.

PASO

VIRGEN con miriñaque,
virgen de la Soledad,
abierta como un inmenso
tulipán.
En tu barco de luces
vas
por la alta marea
de la ciudad,
entre saetas turbias
y estrellas de cristal.
Virgen con miriñaque,
tú vas
por el río de la calle,
¡hasta el mar!

SAETA

CRISTO moreno
pasa
de lirio de Judea
a clavel de España.

¡Miradlo por dónde viene!

De España.
Cielo limpio y oscuro,
tierra tostada,

y cauces donde corre
muy lenta el agua.
Cristo moreno,
con las guedejas quemadas,
los pómulos salientes
y las pupilas blancas.

¡Miradlo por dónde va!

BALCÓN

LA Lola
canta saetas.
Los toreritos
la rodean,
y el barberillo,
desde su puerta,
sigue los ritmos
con la cabeza.
Entre la albahaca
y la hierbabuena,
la Lola canta
saetas.
La Lola aquella,
que se miraba
tanto en la alberca.

MADRUGADA

PERO como el amor
los saeteros
están ciegos.

Sobre la noche verde,
las saetas
dejan rastro de lirio
caliente.

La quilla de la luna
rompe nubes moradas
y las aljabas
se llenan de rocío.

¡Ay, pero como el amor
los saeteros
están ciegos!

GRÁFICO DE LA PETENERA

A Eugenio Montes

CAMPANA

BORDÓN

EN la torre
amarilla,
dobla una campana.

Sobre el viento
amarillo,
se abren las campanadas.

En la torre
amarilla,
cesa la campana.

El viento con el polvo
hace proras de plata.

CAMINO

CIEN jinetes enlutados,
¿dónde irán,
por el cielo yacente
del naranjal?
Ni a Córdoba ni a Sevilla
llegarán.
Ni a Granada la que suspira
por el mar.
Esos caballos soñolientos
los llevarán,
al laberinto de las cruces
donde tiembla el cantar.
Con siete ayes clavados,
¿dónde irán
los cien jinetes andaluces
del naranjal?

LAS SEIS CUERDAS

LA guitarra,
hace llorar a los sueños.

El sollozo de las almas
perdidas,
se escapa por su boca
redonda.
Y como la tarántula
teje una gran estrella
para cazar suspiros,
que flotan en su negro
aljibe de madera.

DANZA

EN EL HUERTO DE LA PETENERA

EN la noche del huerto,
seis gitanas,
vestidas de blanco
bailan.

En la noche del huerto,
coronadas
con rosas de papel
y biznagas.

En la noche del huerto,
sus dientes de nácar,
escriben la sombra
quemada.

Y en la noche del huerto,
sus sombras se alargan,
y llegan hasta el cielo
moradas.

MUERTE DE LA PETENERA

EN la casa blanca muere
la perdición de los hombres.

Cien jacas caracolean.
Sus jinetes están muertos.

Bajo las estremecidas
estrellas de los velones,
su falda de moaré tiembla
entre sus muslos de cobre.

Cien jacas caracolean.
Sus jinetes están muertos.

Largas sombras afiladas
vienen del turbio horizonte,
y el bordón de una guitarra
se rompe.

Cien jacas caracolean.
Sus jinetes están muertos.

FALSETA

¡AY, petenera gitana!
¡Yayay petenera!
Tu entierro no tuvo niñas
buenas.

Niñas que le dan a Cristo muerto
sus guedejas,
y llevan blancas mantillas
en las ferias.
Tu entierro fue de gente
siniestra.
Gente con el corazón
en la cabeza,
que te siguió llorando
por las callejas.
¡Ay, petenera gitana!
¡Yayay petenera!

DE PROFUNDIS

LOS cien enamorados
duermen para siempre
bajo la tierra seca.
Andalucía tiene
largos caminos rojos.
Córdoba, olivos verdes
donde poner cien cruces,
que los recuerden.
Los cien enamorados
duermen para siempre.

CLAMOR

EN las torres
amarillas,
doblan las campanas.

Sobre los vientos
amarillos,
se abren las campanadas.

Por un camino va
la muerte, coronada,
de azahares marchitos.
Canta y canta
una canción
en su vihuela blanca,
y canta y canta y canta.

En las torres amarillas,
cesan las campanas.

El viento con el polvo
hacen proras de plata.

DOS MUCHACHAS

A Máximo Quijano

LA LOLA

BAJO el naranjo lava
pañales de algodón.   *naphins*
Tiene verdes los ojos
y violeta la voz.

¡Ay, amor,
bajo el naranjo en flor!

El agua de la acequia
iba llena de sol,
en el olivarito
cantaba un gorrión.

¡Ay, amor,
bajo el naranjo en flor!

Luego, cuando la Lola
gaste todo el jabón,
vendrán los torerillos.

¡Ay, amor,
bajo el naranjo en flor!

AMPARO

AMPARO,
¡qué sola estás en tu casa
vestida de blanco!

(Ecuador entre el jazmín
y el nardo.)

Oyes los maravillosos
surtidores de tu patio,
y el débil trino amarillo
del canario.

Por la tarde ves temblar
los cipreses con los pájaros,
mientras bordas lentamente
letras sobre el cañamazo.

Amparo,
¡qué sola estás en tu casa,
vestida de blanco!
Amparo,
¡y qué difícil decirte:
yo te amo!

VIÑETAS FLAMENCAS

A Manuel Torres, «Niño de Jerez»,
que tiene tronco de faraón.

RETRATO DE
SILVERIO FRANCONETTI

ENTRE italiano
y flamenco,
¿cómo cantaría
aquel Silverio?
La densa miel de Italia
con el limón nuestro,
iba en el hondo llanto
del siguiriyero.
Su grito fue terrible.
Los viejos
dicen que se erizaban
los cabellos,
y se abría el azogue
de los espejos.
Pasaba por los tonos
sin romperlos.

Y fue un creador
y un jardinero.
Un creador de glorietas
para el silencio.

Ahora su melodía
duerme con los ecos.
Definitiva y pura.
¡Con los últimos ecos!

JUAN BREVA

JUAN Breva tenía
cuerpo de gigante
y voz de niña.
Nada como su trino.
Era la misma
pena cantando
detrás de una sonrisa.
Evoca los limonares
de Málaga la dormida,
y hay en su llanto dejos
de sal marina.
Como Homero cantó
ciego. Su voz tenía
algo de mar sin luz
y naranja exprimida.

CAFÉ CANTANTE

LÁMPARAS de cristal
y espejos verdes.

Sobre el tablado oscuro,
la Parrala sostiene
una conversación
con la muerte.
La llama,
no viene,
y la vuelve a llamar.
Las gentes
aspiran los sollozos.
Y en los espejos verdes,
largas colas de seda
se mueven.

LAMENTACIÓN DE LA MUERTE

A Miguel Benítez

*SOBRE el cielo negro,
culebrinas amarillas.*

Vine a este mundo con ojos
y me voy sin ellos.
¡Señor del mayor dolor!

*meteor following an
undulating course*

Y luego,
un velón y una manta
en el suelo.

   Quise llegar a donde
llegaron los buenos.
¡Y he llegado, Dios mío…!
Pero luego,
un velón y una manta
en el suelo.

   Limoncito amarillo,
limonero.
Echad los limoncitos
al viento.
¡Ya lo sabéis…! Porque luego,
luego,
un velón y una manta
en el suelo.

   Sobre el cielo negro,
culebrinas amarillas.

CONJURO

   LA mano crispada
como una medusa
ciega el ojo doliente
del candil.

   As de bastos.
Tijeras en cruz.

147

Sobre el humo blanco
del incienso, tiene
algo de topo y
mariposa indecisa.

As de bastos.
Tijeras en cruz.

Aprieta un corazón
invisible, ¿la veis?
Un corazón
reflejado en el viento.

As de bastos.
Tijeras en cruz.

MEMENTO

CUANDO yo me muera,
enterradme con mi guitarra
bajo la arena.

Cuando yo me muera,
entre los naranjos
y la hierbabuena.

Cuando yo me muera,
enterradme si queréis
en una veleta.

¡Cuando yo me muera!

148

TRES CIUDADES

A Pilar Zubiaurre

MALAGUEÑA

LA muerte
entra y sale
de la taberna.

Pasan caballos negros
y gente siniestra
por los hondos caminos
de la guitarra.

Y hay un olor a sal
y a sangre de hembra,
en los nardos febriles
de la marina.

La muerte
entra y sale,
y sale y entra
la muerte
de la taberna.

BARRIO DE CÓRDOBA

TÓPICO NOCTURNO

EN la casa se defienden
de las estrellas.
La noche se derrumba.
Dentro, hay una niña muerta
con una rosa encarnada
oculta en la cabellera.
Seis ruiseñores la lloran
en la reja.

Las gentes van suspirando
con las guitarras abiertas.

BAILE

LA Carmen está bailando
por las calles de Sevilla.
Tiene blancos los cabellos
y brillantes las pupilas.

¡Niñas,
corred las cortinas!

En su cabeza se enrosca
una serpiente amarilla,
y va soñando en el baile
con galanes de otros días.

¡Niñas,
corred las cortinas!

Las calles están desiertas
y en los fondos se adivinan,
corazones andaluces
buscando viejas espinas.

¡Niñas,
corred las cortinas!

SEIS CAPRICHOS

A Regino Sainz de la Maza

ADIVINANZA DE LA GUITARRA

EN la redonda
encrucijada,
seis doncellas
bailan.
Tres de carne
y tres de plata.
Los sueños de ayer las buscan,
pero las tiene abrazadas
un Polifemo de oro.
¡La guitarra!

CANDIL

¡OH, qué grave medita
la llama del candil!

Como un faquir indio
mira su entraña de oro
y se eclipsa soñando
atmósferas sin viento.

Cigüeña incandescente
pica desde su nido
a las sombras macizas,
y se asoma temblando
a los ojos redondos
del gitanillo muerto.

CRÓTALO

CRÓTALO.
Crótalo.
Crótalo.
Escarabajo sonoro.

En la araña
de la mano
rizas el aire
cálido,
y te ahogas en tu trino
de palo.

Crótalo.
Crótalo.
Crótalo.
Escarabajo sonoro.

CHUMBERA

LAOCONTE salvaje.

¡Qué bien estás
bajo la media luna!
Múltiple pelotari.

¡Qué bien estás
amenazando al viento!

Dafne y Atis,
saben de tu dolor.
Inexplicable.

PITA

PULPO petrificado.

Pones cinchas cenicientas
al vientre de los montes,
y muelas formidables
a los desfiladeros.

Pulpo petrificado.

CRUZ

LA cruz.
(Punto final
del camino.)

Se mira en la acequia.
(Puntos suspensivos.)

CANCIÓN DEL GITANO APALEADO

VEINTICUATRO bofetadas.
Veinticinco bofetadas;
después, mi madre, a la noche,
me pondrá en papel de plata.

Guardia civil caminera,
dadme unos sorbitos de agua.
Agua con peces y barcos.
Agua, agua, agua, agua.

¡Ay, mandor de los civiles
que estás arriba en tu sala!
¡No habrá pañuelos de seda
para limpiarme la cara!

CANCIÓN DE LA MADRE DEL AMARGO

LO llevan puesto en mi sábana
mis adelfas y mi palma.

Día veintisiete de agosto
con un cuchillito de oro.

La cruz. ¡Y vamos andando!
Era moreno y amargo.

Vecinas, dadme una jarra
de azófar con limonada.

La cruz. No llorad ninguna.
El Amargo está en la luna.

1

ROMANCE DE LA LUNA, LUNA

A Conchita García Lorca

LA luna vino a la fragua
con su polisón de nardos.
El niño la mira mira.
El niño la está mirando.

En el aire conmovido
mueve la luna sus brazos
y enseña, lúbrica y pura,
sus senos de duro estaño.
Huye luna, luna, luna.
Si vinieran los gitanos,
harían con tu corazón
collares y anillos blancos.
Niño, déjame que baile.
Cuando vengan los gitanos,
te encontrarán sobre el yunque
con los ojillos cerrados.
Huye luna, luna, luna,
que ya siento sus caballos.
Niño, déjame, no pises
mi blancor almidonado.

El jinete se acercaba
tocando el tambor del llano.
Dentro de la fragua el niño,
tiene los ojos cerrados.
Por el olivar venían,
bronce y sueño, los gitanos.
Las cabezas levantadas
y los ojos entornados.

Cómo canta la zumaya,
¡ay cómo canta en el árbol!
Por el cielo va la luna
con un niño de la mano.

Dentro de la fragua lloran,
dando gritos, los gitanos.
El aire la vela, vela.
El aire la está velando.

2

PRECIOSA Y EL AIRE

A Dámaso Alonso

SU luna de pergamino
Preciosa tocando viene,
por un anfibio sendero
de cristales y laureles.
El silencio sin estrellas,
huyendo del sonsonete,
cae donde el mar bate y canta
su noche llena de peces.
En los picos de la sierra
los carabineros duermen
guardando las blancas torres
donde viven los ingleses.
Y los gitanos del agua
levantan por distraerse,
glorietas de caracolas
y ramas de pino verde.

*

Su luna de pergamino
Preciosa tocando viene.
Al verla se ha levantado
el viento, que nunca duerme.
San Cristobalón desnudo,
lleno de lenguas celestes,

mira a la niña tocando
una dulce gaita ausente,

Niña, deja que levante
tu vestido para verte.
Abre en mis dedos antiguos
la rosa azul de tu vientre.

Preciosa tira el pandero
y corre sin detenerse.
El viento-hombrón la persigue
con una espada caliente.

Frunce su rumor el mar.
Los olivos palidecen.
Cantan las flautas de umbría
y el liso gong de la nieve.

¡Preciosa, corre, Preciosa,
que te coge el viento verde!
¡Preciosa, corre, Preciosa!
¡Míralo por dónde viene!
Sátiro de estrellas bajas
con sus lenguas relucientes.

*

Preciosa, llena de miedo,
entra en la casa que tiene
más arriba de los pinos,
el cónsul de los ingleses.

Asustados por los gritos
tres carabineros vienen,
sus negras capas ceñidas
y los gorros en las sienes.

El inglés da a la gitana
un vaso de tibia leche,
y una copa de ginebra
que Preciosa no se bebe.

Y mientras cuenta, llorando,
su aventura a aquella gente,
en las tejas de pizarra
el viento, furioso, muerde.

3

REYERTA

A Rafael Méndez

EN la mitad del barranco
las navajas de Albacete,
bellas de sangre contraria,
relucen como los peces.
Una dura luz de naipe
recorta en el agrio verde,
caballos enfurecidos
y perfiles de jinetes.
En la copa de un olivo
lloran dos viejas mujeres.
El toro de la reyerta
se sube por las paredes.
Ángeles negros traían
pañuelos y agua de nieve.
Ángeles con grandes alas

de navajas de Albacete.
Juan Antonio el de Montilla
rueda muerto la pendiente,
su cuerpo lleno de lirios
y una granada en las sienes.
Ahora monta cruz de fuego,
carretera de la muerte.

*

El juez, con guardia civil,
por los olivares viene.
Sangre resbalada gime
muda canción de serpiente.
Señores guardias civiles:
aquí pasó lo de siempre.
Han muerto cuatro romanos
y cinco cartagineses.

*

La tarde loca de higueras
y de rumores calientes,
cae desmayada en los muslos
heridos de los jinetes.
Y ángeles negros volaban
por el aire del poniente.
Ángeles de largas trenzas
y corazones de aceite.

ROMANCE SONÁMBULO

A Gloria Giner
y a Fernando de los Ríos

VERDE que te quiero verde.
Verde viento. Verdes ramas.
El barco sobre la mar
y el caballo en la montaña.
Con la sombra en la cintura
ella sueña en su baranda,
verde carne, pelo verde,
con ojos de fría plata.
Verde que te quiero verde.
Bajo la luna gitana,
las cosas la están mirando
y ella no puede mirarlas.

*

Verde que te quiero verde.
Grandes estrellas de escarcha,
vienen con el pez de sombra
que abre el camino del alba.
La higuera frota su viento
con la lija de sus ramas,
y el monte, gato garduño,
eriza sus pitas agrias.
¿Pero quién vendrá? ¿Y por dónde...?

Ella sigue en su baranda,
verde carne, pelo verde,
soñando en la mar amarga.

*

  Compadre, quiero cambiar
mi caballo por su casa,
mi montura por su espejo,
mi cuchillo por su manta.
Compadre, vengo sangrando,
desde los puertos de Cabra.
Si yo pudiera, mocito,
este trato se cerraba.
Pero yo ya no soy yo.
Ni mi casa es ya mi casa.
Compadre, quiero morir
decentemente en mi cama.
De acero, si puede ser,
con las sábanas de holanda.
¿No veis la herida que tengo
desde el pecho a la garganta?
Trescientas rosas morenas
lleva tu pechera blanca.
Tu sangre rezuma y huele
alrededor de tu faja.
Pero ya no soy yo
Ni mi casa es ya mi casa.
Dejadme subir al menos
hasta las altas barandas,
¡dejadme subir!, dejadme
hasta las verdes barandas.
Barandales de la luna
por donde retumba el agua.

*

Ya suben los dos compadres
hacia las altas barandas.

Dejando un rastro de sangre.
Dejando un rastro de lágrimas.
Temblaban en los tejados
farolillos de hojalata.
Mil panderos de cristal,
herían la madrugada.

*

Verde que te quiero verde,
verde viento, verdes ramas.
Los dos compadres subieron.
El largo viento, dejaba
en la boca un raro gusto
de hiel, de menta y de albahaca.
¡Compadre! ¿Dónde está, dime?
¿Dónde está tu niña amarga?
¡Cuántas veces te esperó!
¡Cuántas veces te esperara,
cara fresca, negro pelo,
en esta verde baranda!

*

Sobre el rostro del aljibe,
se mecía la gitana.
Verde carne, pelo verde,
con ojos de fría plata.
Un carámbano de luna
la sostiene sobre el agua.
La noche se puso íntima
como una pequeña plaza.
Guardias civiles borrachos
en la puerta golpeaban.
Verde que te quiero verde.
Verde viento. Verdes ramas.
El barco sobre la mar.
Y el caballo en la montaña.

5

LA MONJA GITANA

A José Moreno Villa

SILENCIO de cal y mirto.
Malvas en las hierbas finas.
La monja borda alhelíes
sobre una tela pajiza.
Vuelan en la araña gris,
siete pájaros del prisma.
La iglesia gruñe a lo lejos
como un oso panza arriba.
¡Qué bien borda! ¡Con qué gracia!
Sobre la tela pajiza,
ella quisiera bordar
flores de su fantasía.
¡Qué girasol! ¡Qué magnolia
de lentejuelas y cintas!
¡Qué azafranes y qué lunas,
en el mantel de la misa!
Cinco toronjas se endulzan
en la cercana cocina.
Las cinco llagas de Cristo
cortadas en Almería.
Por los ojos de la monja
galopan dos caballistas.
Un rumor último y sordo
le despega la camisa,
y al mirar nubes y montes

en las yertas lejanías,
se quiebra su corazón
de azúcar y yerbaluisa.
¡Oh!, qué llanura empinada
con veinte soles arriba.
¡Qué ríos puestos de pie
vislumbra su fantasía!
Pero sigue con sus flores,
mientras que de pie, en la brisa,
la luz juega el ajedrez
alto de la celosía.

6

LA CASADA INFIEL

A Lydia Cabrera
y a su negrita

Y que yo me la llevé al río
creyendo que era mozuela,
pero tenía marido.
Fue la noche de Santiago
y casi por compromiso.
Se apagaron los faroles
y se encendieron los grillos.
En las últimas esquinas
toqué sus pechos dormidos,
y se me abrieron de pronto
como ramos de jacintos.
El almidón de su enagua
me sonaba en el oído,

como una pieza de seda
rasgada por diez cuchillos.
Sin luz de plata en sus copas
los árboles han crecido,
y un horizonte de perros
ladra muy lejos del río.

               *

   Pasadas las zarzamoras,
los juncos y los espinos,
bajo su mata de pelo
hice un hoyo sobre el limo.
Yo me quité la corbata.
Ella se quitó el vestido.
Yo el cinturón con revólver.
Ella sus cuatro corpiños.
Ni nardos ni caracolas
tienen el cutis tan fino,
ni los cristales con luna
relumbran con ese brillo.
Sus muslos se me escapaban
como peces sorprendidos,
la mitad llenos de lumbre,
la mitad llenos de frío.
Aquella noche corrí
el mejor de los caminos,
montado en potra de nácar
sin bridas y sin estribos.
No quiero decir, por hombre,
las cosas que ella me dijo.
La luz del entendimiento
me hace ser muy comedido.
Sucia de besos y arena,
yo me la llevé del río.
Con el aire se batían
las espadas de los lirios.

Me porté como quien soy.
Como un gitano legítimo.
La regalé un costurero
grande de raso pajizo,
y no quise enamorarme
porque teniendo marido
me dijo que era mozuela
cuando la llevaba al río.

7

ROMANCE DE LA PENA NEGRA

A José Navarro Pardo

LAS piquetas de los gallos
cavan buscando la aurora,
cuando por el monte oscuro
baja Soledad Montoya.
Cobre amarillo, su carne,
huele a caballo y a sombra.
Yunques ahumados sus pechos,
gimen canciones redondas.
Soledad: ¿por quién preguntas
sin compaña y a estas horas?
Pregunte por quien pregunte,
dime: ¿a ti qué se te importa?
Vengo a buscar lo que busco,
mi alegría y mi persona.
Soledad de mis pesares,
caballo que se desboca,

al fin encuentra la mar
y se lo tragan las olas.
No me recuerdes el mar,
que la pena negra, brota
en las tierras de aceituna
bajo el rumor de las hojas.
¡Soledad, qué pena tienes!
¡Qué pena tan lastimosa!
Lloras zumo de limón
agrio de espera y de boca.
¡Qué pena tan grande! Corro
mi casa como una loca,
mis dos trenzas por el suelo,
de la cocina a la alcoba.
¡Qué pena! Me estoy poniendo
de azabache, carne y ropa.
¡Ay mis camisas de hilo!
¡Ay mis muslos de amapola!
Soledad: lava tu cuerpo
con agua de las alondras,
y deja tu corazón
en paz, Soledad Montoya.

*

Por abajo canta el río:
volante de cielo y hojas.
Con flores de calabaza,
la nueva luz se corona.
¡Oh pena de los gitanos!
Pena limpia y siempre sola.
¡Oh pena de cauce oculto
y madrugada remota!

8

SAN MIGUEL

(Granada)

A Diego Buigas de Dalmau

SE ven desde las barandas,
por el monte, monte, monte,
mulos y sombras de mulos
cargados de girasoles.

Sus ojos en las umbrías
se empañan de inmensa noche.
En los recodos del aire,
cruje la aurora salobre.

Un cielo de mulos blancos
cierra sus ojos de azogue
dando a la quieta penumbra
un final de corazones.
Y el agua se pone fría
para que nadie la toque.
Agua loca y descubierta
por el monte, monte, monte.

*

San Miguel lleno de encajes
en la alcoba de su torre,

enseña sus bellos muslos
ceñidos por los faroles.

Arcángel domesticado
en el gesto de las doce,
finge una cólera dulce
de plumas y ruiseñores.
San Miguel canta en los vidrios;
efebo de tres mil noches,
fragante de agua colonia
y lejano de las flores.

*

El mar baila por la playa,
un poema de balcones.
Las orillas de la luna
pierden juncos, ganan voces.
Vienen manolas comiendo
semillas de girasoles,
los culos grandes y ocultos
como planetas de cobre.
Vienen altos caballeros
y damas de triste porte,
morenas por la nostalgia
de un ayer de ruiseñores.
Y el obispo de Manila,
ciego de azafrán y pobre,
dice misa con dos filos
para mujeres y hombres.

*

San Miguel se estaba quieto
en la alcoba de su torre,
con las enaguas cuajadas
de espejitos y entredoses.

San Miguel, rey de los globos
y de los números nones,
en el primor berberisco
de gritos y miradores.

9

SAN RAFAEL

(Córdoba)

A Juan Izquierdo Croselles

I

COCHES cerrados llegaban
a las orillas de juncos
donde las ondas alisan
romano torso desnudo.
Coches, que el Guadalquivir
tiende en su cristal maduro,
entre láminas de flores
y resonancias de nublos.
Los niños tejen y cantan
el desengaño del mundo
cerca de los viejos coches
perdidos en el nocturno.
Pero Córdoba no tiembla
bajo el misterio confuso,
pues si la sombra levanta

la arquitectura del humo,
un pie de mármol afirma
su casto fulgor enjuto.
Pétalos de lata débil
recaman los grises puros
de la brisa, desplegada
sobre los arcos de triunfo.
Y mientras el puente sopla
diez rumores de Neptuno,
vendedores de tabaco
huyen por el roto muro.

II

Un solo pez en el agua
que a las dos Córdobas junta:
Blanca Córdoba de juncos.
Córdoba de arquitectura.
Niños de cara impasible
en la orilla se desnudan,
aprendices de Tobías
y Merlines de cintura,
para fastidiar al pez
en irónica pregunta
si quiere flores de vino
o saltos de media luna.
Pero el pez que dora el agua
y los mármoles enluta,
les da lección y equilibrio
de solitaria columna.
El Arcángel aljamiado
de lentejuelas oscuras,
en el mitin de las ondas
buscaba rumor y cuna.

Un solo pez en el agua
Dos Córdobas de hermosura.
Córdoba quebrada en chorros.
Celeste Córdoba enjuta.

10

SAN GABRIEL

(Sevilla)

A D. Agustín Viñuales

I

UN bello niño de junco,
anchos hombros, fino talle,
piel de nocturna manzana,
boca triste y ojos grandes,
nervio de plata caliente,
ronda la desierta calle.
Sus zapatos de charol
rompen las dalias del aire,
con los dos ritmos que cantan
breves lutos celestiales.
En la ribera del mar
no hay palma que se le iguale,
ni emperador coronado

ni lucero caminante.
Cuando la cabeza inclina
sobre su pecho de jaspe,
la noche busca llanuras
porque quiere arrodillarse.
Las guitarras suenan solas
para San Gabriel Arcángel,
domador de palomillas
y enemigo de los sauces.
San Gabriel: El niño llora
en el vientre de su madre.
No olvides que los gitanos
te regalaron el traje.

II

Anunciación de los Reyes,
bien lunada y mal vestida,
abre la puerta al lucero
que por la calle venía.
El Arcángel San Gabriel,
entre azucena y sonrisa,
biznieto de la Giralda,
se acercaba de visita.
En su chaleco bordado
grillos ocultos palpitan.
Las estrellas de la noche
se volvieron campanillas.
San Gabriel: aquí me tienes
con tres clavos de alegría.
Tu fulgor abre jazmines
sobre mi cara encendida.
Dios te salve, Anunciación.
Morena de maravilla.

Tendrás un niño más bello
que los tallos de la brisa.
¡Ay San Gabriel de mis ojos!
¡Gabrielillo de mi vida!
para sentarte yo sueño
un sillón de clavellinas.
Dios te salve, Anunciación,
bien lunada y mal vestida.
Tu niño tendrá en el pecho
un lunar y tres heridas.
¡Ay San Gabriel que reluces!
¡Gabrielillo de mi vida!
En el fondo de mis pechos
ya nace la leche tibia.
Dios te salve, Anunciación,
Madre de cien dinastías.
Áridos lucen tus ojos,
paisajes de caballista.

*

El niño canta en el seno
de Anunciación sorprendida.
Tres balas de almendra verde
tiemblan en su vocecita.

Ya San Gabriel en el aire
por una escala subía.
Las estrellas de la noche
se volvieron siemprevivas.

175

PRENDIMIENTO
DE ANTOÑITO EL CAMBORIO
EN EL CAMINO DE SEVILLA

A Margarita Xirgu

ANTONIO Torres Heredia,
hijo y nieto de Camborios,
con una vara de mimbre
va a Sevilla a ver los toros.
Moreno de verde luna
anda despacio y garboso.
Sus empavonados bucles
le brillan entre los ojos.
A la mitad del camino
cortó limones redondos,
y los fue tirando al agua
hasta que la puso de oro.
Y a la mitad del camino,
bajo las ramas de un olmo,
guardia civil caminera
lo llevó codo con codo.

El día se va despacio,
la tarde colgada a un hombro,
dando una larga torera
sobre el mar y los arroyos.
Las aceitunas aguardan
la noche de Capricornio,

y una corta brisa, ecuestre,
salta los montes de plomo.
Antonio Torres Heredia,
hijo y nieto de Camborios,
viene sin vara de mimbre
entre los cinco tricornios.

  Antonio, ¿quién eres tú?
Si te llamaras Camborio,
hubieras hecho una fuente
de sangre, con cinco chorros.
Ni tú eres hijo de nadie,
ni legítimo Camborio.
¡Se acabaron los gitanos
que iban por el monte solos!
Están los viejos cuchillos
tiritando bajo el polvo.

    *

  A las nueve de la noche
lo llevan al calabozo,
mientras los guardias civiles
beben limonada todos.
Y a las nueve de la noche
le cierran el calabozo,
mientras el cielo reluce
como la grupa de un potro.

MUERTE DE ANTOÑITO
EL CAMBORIO

A José Antonio Rubio Sacristán

VOCES de muerte sonaron
cerca del Guadalquivir.
Voces antiguas que cercan
voz de clavel varonil.
Les clavó sobre las botas
mordiscos de jabalí.
En la lucha daba saltos
jabonados de delfín.
Bañó con sangre enemiga
su corbata carmesí,
pero eran cuatro puñales
y tuvo que sucumbir.
Cuando las estrellas clavan
rejones al agua gris,
cuando los erales sueñan
verónicas de alhelí,
voces de muerte sonaron
cerca del Guadalquivir.

*

Antonio Torres Heredia,
Camborio de dura crin,
moreno de verde luna,

voz de clavel varonil:
¿Quién te ha quitado la vida
cerca del Guadalquivir?
Mis cuatro primos Heredias
hijos de Benamejí.
Lo que en otros no envidiaban,
ya lo envidiaban en mí.
Zapatos color corinto,
medallones de marfil,
y este cutis amasado
con aceituna y jazmín.
¡Ay Antoñito el Camborio,
digno de una Emperatriz!
Acuérdate de la Virgen
porque te vas a morir.
¡Ay Federico García,
llama a la Guardia Civil!
Ya mi talle se ha quebrado
como caña de maíz.

*

Tres golpes de sangre tuvo
y se murió de perfil.
Viva moneda que nunca
se volverá a repetir.
Un ángel marchoso pone
su cabeza en un cojín.
Otros de rubor cansado,
encendieron un candil.
Y cuando los cuatro primos
llegan a Benamejí,
voces de muerte cesaron
cerca del Guadalquivir.

13

MUERTO DE AMOR

A Margarita Manso

¿QUÉ es aquello que reluce
por los altos corredores?
Cierra la puerta, hijo mío,
acaban de dar las once.
En mis ojos, sin querer,
relumbran cuatro faroles.
Será que la gente aquella
estará fregando el cobre.

*

Ajo de agónica plata
la luna menguante, pone
cabelleras amarillas
a las amarillas torres.
La noche llama temblando
al cristal de los balcones,
perseguida por los mil
perros que no la conocen,
y un olor de vino y ámbar
viene de los corredores.

*

Brisas de caña mojada
y rumor de viejas voces,

resonaban por el arco
roto de la media noche.
Bueyes y rosas dormían.
Sólo por los corredores
las cuatro luces clamaban
con el furor de San Jorge.
Tristes mujeres del valle
bajaban su sangre de hombre,
tranquila de flor cortada
y amarga de muslo joven.
Viejas mujeres del río
lloraban al pie del monte,
un minuto intransitable
de cabelleras y nombres.
Fachadas de cal, ponían
cuadrada y blanca la noche.
Serafines y gitanos
tocaban acordeones.
Madre, cuando yo me muera,
que se enteren los señores.
Pon telegramas azules
que vayan del Sur al Norte.
Siete gritos, siete sangres,
siete adormideras dobles,
quebraron opacas lunas
en los oscuros salones.
Lleno de manos cortadas
y coronitas de flores,
el mar de los juramentos
resonaba, no sé dónde.
Y el cielo daba portazos
al brusco rumor del bosque,
mientras clamaban las luces
en los altos corredores.

14

ROMANCE DEL EMPLAZADO

Para Emilio Aladrén

¡MI soledad sin descanso!
Ojos chicos de mi cuerpo
·y grandes de mi caballo,
no se cierran por la noche
ni miran al otro lado
donde se aleja tranquilo
un sueño de trece barcos.
Sino que limpios y duros
escuderos desvelados,
mis ojos miran un norte
de metales y peñascos
donde mi cuerpo sin venas
consulta naipes helados.

*

Los densos bueyes del agua
embisten a los muchachos
que se bañan en las lunas
de sus cuernos ondulados.
Y los martillos cantaban
sobre los yunques sonámbulos,
el insomnio del jinete
y el insomnio del caballo.

El veinticinco de junio
le dijeron a el Amargo:
Ya puedes cortar si gustas
las adelfas de tu patio.
Pinta una cruz en la puerta
y pon tu nombre debajo,
porque cicutas y ortigas
nacerán en tu costado,
y agujas de cal mojada
te morderán los zapatos.
Será de noche, en lo oscuro,
por los montes imantados,
donde los bueyes del agua
beben los juncos soñando.
Pide luces y campanas.
Aprende a cruzar las manos,
y gusta los aires fríos
de metales y peñascos.
Porque dentro de dos meses
yacerás amortajado.

*

Espadón de nebulosa
mueve en el aire Santiago.
Grave silencio, de espalda,
manaba el cielo combado.

*

El veinticinco de junio
abrió sus ojos Amargo,
y el veinticinco de agosto
se tendió para cerrarlos.
Hombres bajaban la calle

para ver al emplazado,
que fijaba sobre el muro
su soledad con descanso.
Y la sábana impecable,
de duro acento romano,
daba equilibrio a la muerte
con las rectas de sus paños.

15

ROMANCE DE LA
GUARDIA CIVIL ESPAÑOLA

A Juan Guerrero
Cónsul general de la Poesía

LOS caballos negros son.
Las herraduras son negras.
Sobre las capas relucen
manchas de tinta y de cera.
Tienen, por eso no lloran,
de plomo las calaveras.
Con el alma de charol
vienen por la carretera.
Jorobados y nocturnos,
por donde animan ordenan
silencios de goma oscura
y miedos de fina arena.
Pasan, si quieren pasar,
y ocultan en la cabeza
una vaga astronomía
de pistolas inconcretas.

*

¡Oh ciudad de los gitanos!
En las esquinas banderas.
La luna y la calabaza
con las guindas en conserva.
¡Oh ciudad de los gitanos!
¿Quién te vio y no te recuerda?
Ciudad de dolor y almizcle,
con las torres de canela.

Cuando llegaba la noche
noche que noche nochera,
los gitanos en sus fraguas
forjaban soles y flechas.
Un caballo malherido,
llamaba a todas las puertas.
Gallos de vidrio cantaban
por Jerez de la Frontera.
El viento, vuelve desnudo
la esquina de la sorpresa,
en la noche platinoche
noche, que noche nochera.

*

La Virgen y San José,
perdieron sus castañuelas,
y buscan a los gitanos
para ver si las encuentran.
La Virgen viene vestida
con un traje de alcaldesa
de papel de chocolate
con los collares de almendras.
San José mueve los brazos
bajo una capa de seda.
Detrás va Pedro Domecq

con tres sultanes de Persia.
La media luna, soñaba
un éxtasis de cigüeña.
Estandartes y faroles
invaden las azoteas.
Por los espejos sollozan
bailarinas sin caderas.
Agua y sombra, sombra y agua
por Jerez de la Frontera.

*

¡Oh ciudad de los gitanos!
En las esquinas banderas.
Apaga tus verdes luces
que viene la benemérita.
¡Oh ciudad de los gitanos!
¿Quién te vio y no te recuerda?
Dejadla lejos del mar,
sin peines para sus crenchas.

*

Avanzan de dos en fondo
a la ciudad de la fiesta.
Un rumor de siemprevivas,
invade las cartucheras.
Avanzan de dos en fondo.
Doble nocturno de tela.
El cielo, se les antoja,
una vitrina de espuelas.

*

La ciudad libre de miedo,
multiplicaba sus puertas.
Cuarenta guardias civiles
entran a saco por ellas.

Los relojes se pararon,
y el coñac de las botellas
se disfrazó de noviembre
para no infundir sospechas.
Un vuelo de gritos largos
se levantó en las veletas.
Los sables cortan las brisas
que los cascos atropellan.
Por las calles de penumbra
huyen las gitanas viejas
con los caballos dormidos
y las orzas de monedas.
Por las calles empinadas
suben las capas siniestras,
dejando detrás fugaces
remolinos de tijeras.

*

En el portal de Belén
los gitanos se congregan.
San José, lleno de heridas,
amortaja a una doncella.
Tercos fusiles agudos
por toda la noche suenan.
La Virgen cura a los niños
con salivilla de estrella.
Pero la Guardia Civil
avanza sembrando hogueras,
donde joven y desnuda
la imaginación se quema.
Rosa la de los Camborios,
gime sentada en su puerta
con sus dos pechos cortados
puestos en una bandeja.
Y otras muchachas corrían
perseguidas por sus trenzas,

en un aire donde estallan
rosas de pólvora negra.
Cuando todos los tejados
eran surcos en la tierra,
el alba meció sus hombros
en largo perfil de piedra.

*

¡Oh ciudad de los gitanos!
La Guardia Civil se aleja
por un túnel de silencio
mientras las llamas te cercan.

¡Oh ciudad de los gitanos!
¿Quién te vio y no te recuerda?
Que te busquen en mi frente.
Juego de luna y arena.

TRES ROMANCES HISTÓRICOS

16

MARTIRIO DE SANTA OLALLA

A Rafael Martínez Nadal

I

PANORAMA DE MÉRIDA

POR la calle brinca y corre
caballo de larga cola,

mientras juegan o dormitan
viejos soldados de Roma.
Medio monte de Minervas
abre sus brazos sin hojas.
Agua en vilo redoraba
las aristas de las rocas.
Noche de torsos yacentes
y estrellas de nariz rota,
aguarda grietas del alba
para derrumbarse toda.
De cuando en cuando sonaban
blasfemias de cresta roja.
Al gemir, la santa niña
quiebra el cristal de las copas.
La rueda afila cuchillos
y garfios de aguda comba.
Brama el toro de los yunques.
Y Mérida se corona
de nardos casi despiertos
y tallos de zarzamora.

II

EL MARTIRIO

    Flora desnuda se sube
por escalerillas de agua.
El Cónsul pide bandeja
para los senos de Olalla.
Un chorro de venas verdes
le brota de la garganta.
Su sexo tiembla enredado
como un pájaro en las zarzas.

Por el suelo, ya sin norma,
brincan sus manos cortadas
que aún pueden cruzarse en tenue
oración decapitada.
Por los rojos agujeros
donde sus pechos estaban
se ven cielos diminutos
y arroyos de leche blanca.
Mil arbolillos de sangre
le cubren toda la espalda
y oponen húmedos troncos
al bisturí de las llamas.
Centuriones amarillos
de carne gris, desvelada,
llegan al cielo sonando
sus armaduras de plata.
Y mientras vibra confusa
pasión de crines y espadas,
el Cónsul porta en bandeja
senos ahumados de Olalla.

III

INFIERNO Y GLORIA

Nieve ondulada reposa.
Olalla pende del árbol.
Su desnudo de carbón
tizna los aires helados.
Noche tirante reluce.
Olalla muerta en el árbol.
Tinteros de las ciudades
vuelcan la tinta despacio.

Negros maniquís de sastre
cubren la nieve del campo,
en largas filas que gimen
su silencio mutilado.
Nieve partida comienza.
Olalla blanca en el árbol.
Escuadras de níquel juntan
los picos en su costado.

*

Una Custodia reluce
sobre los cielos quemados,
entre gargantas de arroyo
y ruiseñores en ramos.
¡Saltan vidrios de colores!
Olalla blanca en lo blanco.
Ángeles y serafines
dicen: Santo, Santo, Santo.

17

BURLA DE DON PEDRO A CABALLO

ROMANCE CON LAGUNAS

A Jean Cassou

POR una vereda
venía Don Pedro.
¡Ay cómo lloraba
el caballero!

Montado en un ágil
caballo sin freno,
venía en la busca
del pan y del beso.
Todas las ventanas
preguntan al viento,
por el llanto oscuro
del caballero.

PRIMERA LAGUNA

Bajo el agua
siguen las palabras.
Sobre el agua
una luna redonda
se baña,
dando envidia a la otra
¡tan alta!
En la orilla,
un niño,
ve las lunas y dice:
¡Noche; toca los platillos!

SIGUE

A una ciudad lejana
ha llegado Don Pedro.
Una ciudad de oro
entre un bosque de cedros.
¿Es Belén? Por el aire,

yerbaluisa y romero.
Brillan las azoteas
y las nubes. Don Pedro
pasa por arcos rotos.
Dos mujeres y un viejo
con velones de plata
le salen al encuentro.
Los chopos dicen: No.
Y el ruiseñor: Ya veremos.

SEGUNDA LAGUNA

Bajo el agua
siguen las palabras.
Sobre el peinado del agua
un circulo de pájaros y llamas.
Y por los cañaverales,
testigos que conocen lo que falta.
Sueño concreto y sin norte
de madera de guitarra.

SIGUE

Por el camino llano
dos mujeres y un viejo
con velones de plata
van al cementerio.
Entre los azafranes
han encontrado muerto
el sombrío caballo

de Don Pedro.
Voz secreta de tarde
balaba por el cielo.
Unicornio de ausencia
rompe en cristal su cuerno.
La gran ciudad lejana
está ardiendo
y un hombre va llorando
tierras adentro.
Al Norte hay una estrella.
Al Sur un marinero.

ÚLTIMA LAGUNA

Bajo el agua
están las palabras.
Limo de voces perdidas.
Sobre la flor enfriada,
está Don Pedro olvidado
¡ay!, jugando con las ranas.

18

THAMAR Y AMNÓN

Para Alfonso García-Valdecasas

LA luna gira en el cielo
sobre las tierras sin agua
mientras el verano siembra

rumores de tigre y llama.
Por encima de los techos
nervios de metal sonaban.
Aire rizado venía
con los balidos de lana.
La tierra se ofrece llena
de heridas cicatrizadas,
o estremecida de agudos
cauterios de luces blancas.

                    *

    Thamar estaba soñando
pájaros en su garganta,
al son de panderos fríos
y cítaras enlunadas.
Su desnudo en el alero,
agudo norte de palma,
pide copos a su vientre
y granizo a sus espaldas.
Thamar estaba cantando
desnuda por la terraza.
Alrededor de sus pies,
cinco palomas heladas,
Amnón, delgado y concreto,
en la torre la miraba,
llenas las ingles de espuma
y oscilaciones la barba.
Su desnudo iluminado
se tendía en la terraza,
con un rumor entre dientes
de flecha recién clavada.
Amnón estaba mirando
la luna redonda y baja,
y vio en la luna los pechos
durísimos de su hermana.

                    *

Amnón a las tres y media
se tendió sobre la cama.
Toda la alcoba sufría
con sus ojos llenos de alas.
La luz, maciza, sepulta
pueblos en la arena parda,
o descubre transitorio
coral de rosas y dalias.
Linfa de pozo oprimida
brota silencio en las jarras.
En el musgo de los troncos
la cobra tendida canta.
Amnón gime por la tela
fresquísima de la cama.
Yedra del escalofrío
cubre su carne quemada.
Thamar entró silenciosa,
en la alcoba silenciada,
color de vena y Danubio,
turbia de huellas lejanas.
Thamar, bórrame los ojos
con tu fija madrugada.
Mis hilos de sangre tejen
volantes sobre tu falda.
Déjame tranquila, hermano.
Son tus besos en mi espalda
avispas y vientecillos
en doble enjambre de flautas.
Thamar, en tus pechos altos
hay dos peces que me llaman,
y en las yemas de tus dedos
rumor de rosa encerrada.

*

Los cien caballos del rey
en el patio relinchaban.

Sol en cubos resistía
la delgadez de la parra.
Ya la coge del cabello,
ya la camisa le rasga.
Corales tibios dibujan
arroyos en rubio mapa.

*

   ¡Oh, qué gritos se sentían
por encima de las casas!
Qué espesura de puñales
y túnicas desgarradas.
Por las escaleras tristes
esclavos suben y bajan.
Émbolos y musgos juegan
bajo las nubes paradas.
Alrededor de Thamar
gritan vírgenes gitanas
y otras recogen las gotas
de su flor martirizada.
Paños blancos enrojecen
en las alcobas cerradas.
Rumores de tibia aurora
pámpanos y peces cambian.

*

   Violador enfurecido,
Amnón huye con su jaca.
Negros le dirigen flechas
en los muros y atalayas.
Y cuando los cuatro cascos
eran cuatro resonancias,
David con unas tijeras
cortó las cuerdas del arpa.

III. EL CICLO DE NUEVA YORK

(De **POETA EN NUEVA YORK**
y poemas sueltos relacionados)

VUELTA DE PASEO

ASESINADO por el cielo,
entre las formas que van hacia la sierpe
y las formas que buscan el cristal,
dejaré crecer mis cabellos.

Con el árbol de muñones que no canta
y el niño con el blanco rostro de huevo.

Con los animalitos de cabeza rota
y el agua harapienta de los pies secos.

Con todo lo que tiene cansancio sordomudo
y mariposa ahogada en el tintero.

Tropezando con mi rostro distinto de cada día.
¡Asesinado por el cielo!

1910

(INTERMEDIO)

AQUELLOS ojos míos de mil novecientos diez
no vieron enterrar a los muertos,
ni la feria de ceniza del que llora por la madrugada,
ni el corazón que tiembla arrinconado como un caballito
[de mar.

Aquellos ojos míos de mil novecientos diez
vieron la blanca pared donde orinaban las niñas,
el hocico del toro, la seta venenosa
y una luna incomprensible que iluminaba por los rincones
los pedazos de limón seco bajo el negro duro de las botellas.

Aquellos ojos míos en el cuello de la jaca,
en el seno traspasado de Santa Rosa dormida,
en los tejados del amor, con gemidos y frescas manos,
en un jardín donde los gatos se comían a las ranas.

Desván donde el polvo viejo congrega estatuas y mus-
gos,
cajas que guardan silencio de cangrejos devorados
en el sitio donde el sueño tropezaba con su realidad.
Allí mis pequeños ojos.

No preguntarme nada. He visto que las cosas
cuando buscan su curso encuentran su vacío.
Hay un dolor de huecos por el aire sin gente
y en mis ojos criaturas vestidas ¡sin desnudo!

New York, agosto 1929.

FÁBULA Y RUEDA DE LOS TRES AMIGOS

ENRIQUE,
Emilio,
Lorenzo,

estaban los tres helados:
Enrique por el mundo de las camas;
Emilio por el mundo de los ojos y las heridas las manos;
Lorenzo por el mundo de las universidades sin tejados.

Lorenzo,
Emilio,
Enrique,

estaban los tres quemados:
Lorenzo por el mundo de las hojas y las bolas de billar;
Emilio por el mundo de la sangre y los alfileres blancos;
Enrique por el mundo de los muertos y los periódicos aban-
[donados.

Lorenzo,

Emilio,
Enrique,
estaban los tres enterrados:
Lorenzo en un seno de Flora;
Emilio en la yerta ginebra que se olvida en el vaso;
Enrique en la hormiga, en el mar y en los ojos vacíos de
[los pájaros.

Lorenzo,

Emilio,
Enrique,
fueron los tres en mis manos
tres montañas chinas,
tres sombras de caballo,
tres paisajes de nieve y una cabaña de azucenas
por los palomares donde la luna se pone plana bajo el gallo.

Uno

y uno
y uno,
estaban los tres momificados,
con las moscas del invierno,
con los tinteros que orina el perro y desprecia el vilano,
con la brisa que hiela el corazón de todas las madres,
por los blancos derribos de Júpiter donde meriendan muer-
                              [te los borrachos.

Tres

y dos
y uno,
los vi perderse llorando y cantando
por un huevo de gallina,
por la noche que enseñaba su esqueleto de tabaco,
por mi dolor lleno de rostros y punzantes esquirlas de luna,
por mi alegría de ruedas dentadas y látigos,
por mi pecho turbado por las palomas,
por mi muerte desierta con un solo paseante equivocado.

Yo había matado la quinta luna
y bebían agua por las fuentes los abanicos y los aplausos.
Tibia leche encerrada de las recién paridas
agitaba las rosas con un largo dolor blanco.
Enrique,
Emilio,

Lorenzo.

Diana es dura,
pero a veces tiene los pechos nublados.
Puede la piedra blanca latir en la sangre del ciervo
y el ciervo puede soñar por los ojos de un caballo.

Cuando se hundieron las formas puras
bajo el cri cri de las margaritas,
comprendí que me habían asesinado.
Recorrieron los cafés y los cementerios y las iglesias,
abrieron los toneles y los armarios,
destrozaron tres esqueletos para arrancar sus dientes de
[oro.
Ya no me encontraron.
¿No me encontraron?
No. No me encontraron.
Pero se supo que la sexta luna huyó torrente arriba,
y que el mar recordó ¡de pronto!
los nombres de todos sus ahogados.

NORMA Y PARAÍSO
DE LOS NEGROS

ODIAN la sombra del pájaro
sobre el pleamar de la blanca mejilla
y el conflicto de luz y viento
en el salón de la nieve fría.

Odian la flecha sin cuerpo,
el pañuelo exacto de la despedida,
la aguja que mantiene presión y rosa
en el gramíneo rubor de la sonrisa.

Aman el azul desierto,
las vacilantes expresiones bovinas,
la mentirosa luna de los polos,
la danza curva del agua en la orilla.

Con la ciencia del tronco y del rastro
llenan de nervios luminosos la arcilla
y patinan lúbricos por aguas y arenas
gustando la amarga frescura de su milenaria saliva.

Es por el azul crujiente,
azul sin un gusano ni una huella dormida,
donde los huevos de avestruz quedan eternos
y deambulan intactas las lluvias bailarinas.

Es por el azul sin historia,
azul de una noche sin temor de día,
azul donde el desnudo del viento va quebrando
los camellos sonámbulos de las nubes vacías.

Es allí donde sueñan los torsos bajo la gula de la hierba.
Allí los corales empapan la desesperación de la tinta,

los durmientes borran sus perfiles bajo la madeja de los
[caracoles
y queda el hueco de la danza sobre las últimas cenizas.

EL REY DE HARLEM

CON una cuchara,
arrancaba los ojos a los cocodrilos
y golpeaba el trasero de los monos.
Con una cuchara.

Fuego de siempre dormía en los pedernales
y los escarabajos borrachos de anís
olvidaban el musgo de las aldeas.

Aquel viejo cubierto de setas
iba al sitio donde lloraban los negros
mientras crujía la cuchara del rey
y llegaban los tanques de agua podrida.

Las rosas huían por los filos
de las últimas curvas del aire,
y en los montones de azafrán
los niños machacaban pequeñas ardillas
con un rubor de frenesí manchado.

Es preciso cruzar los puentes
y llegar al rubor negro
para que el perfume de pulmón
nos golpee las sienes con su vestido
de caliente piña.

Es preciso matar al rubio vendedor de aguardiente,
a todos los amigos de la manzana y de la arena,
y es necesario dar con los puños cerrados

a las pequeñas judías que tiemblan llenas de burbujas,
para que el rey de Harlem cante con su muchedumbre,
para que los cocodrilos duerman en largas filas
bajo el amianto de la luna,
y para que nadie dude de la infinita belleza
de los plumeros, los ralladores, los cobres y las cacerolas
[de las cocinas.

¡Ay Harlem! ¡Ay Harlem! ¡Ay Harlem!
¡No hay angustia comparable a tus rojos oprimidos,
a tu sangre estremecida dentro del eclipse oscuro,
a tu violencia granate sordomuda en la penumbra,
a tu gran rey prisionero con un traje de conserje!

*

Tenía la noche una hendidura y quietas salamandras de
Las muchachas americanas   [marfil.
llevaban niños y monedas en el vientre,
y los muchachos se desmayaban en la cruz del desperezo.

Ellos son.
Ellos son los que beben el whisky de plata junto a los vol-
[canes
y tragan pedacitos de corazón por las heladas montañas
[del oso.
Aquella noche el rey de Harlem,
con una durísima cuchara
arrancaba los ojos a los cocodrilos
y golpeaba el trasero de los monos.
Con una cuchara.
Los negros lloraban confundidos
entre paraguas y soles de oro,
los mulatos estiraban gomas, ansiosos de llegar al torso
y el viento empañaba espejos   [blanco,
y quebraba las venas de los bailarines.

208

Negros, Negros, Negros, Negros.

La sangre no tiene puertas en vuestra noche boca arriba.
No hay rubor. Sangre furiosa por debajo de las pieles,
viva en la espina del puñal y en el pecho de los paisajes,
bajo las pinzas y las retamas de la celeste luna de cáncer.

Sangre que busca por mil caminos muertes enharina-
                                        [das y ceniza de nardo,
cielos yertos en declive, donde las colonias de planetas
rueden por las playas con los objetos abandonados.

Sangre que mira lenta con el rabo del ojo,
hecha de espartos exprimidos, néctares de subterráneos.
Sangre que oxida el alisio descuidado en una huella
y disuelve a las mariposas en los cristales de la ventana.

Es la sangre que viene, que vendrá
por los tejados y azoteas, por todas partes,
para quemar la clorofila de las mujeres rubias,
para gemir al pie de las camas ante el insomnio de los la-
                                        [vabos
y estrellarse en una aurora de tabaco y bajo amarillo.

Hay que huir,
huir por las esquinas y encerrarse en los últimos pisos,
porque el tuétano del bosque penetrará por las rendijas
para dejar en vuestra carne una leve huella de eclipse
y una falsa tristeza de guante desteñido y rosa química.

*

Es por el silencio sapientísimo
cuando los camareros y los cocineros y los que limpian
                                        [con la lengua

las heridas de los millonarios
buscan al rey por las calles o en los ángulos del salitre.

Un viento sur de madera, oblicuo en el negro fango,
escupe a las barcas rotas y se clava puntillas en los hom-
[bros;
un viento sur que lleva
colmillos, girasoles, alfabetos
y una pila de Volta con avispas ahogadas.

El olvido estaba expresado por tres gotas de tinta sobre
[el monóculo;
el amor, por un solo rostro invisible a flor de piedra.
Médulas y corolas componían sobre las nubes
un desierto de tallos sin una sola rosa.

A la izquierda, a la derecha, por el Sur y por el Norte,
se levanta el muro impasible
para el topo, la aguja del agua.
No busquéis, negros, su grieta
para hallar la máscara infinita.
Buscad el gran sol del centro
hechos una piña zumbadora.
El sol que se desliza por los bosques
seguro de no encontrar una ninfa,
el sol que destruye números y no ha cruzado nunca un sue-
[ño,
el tatuado sol que baja por el río
y muge seguido de caimanes.

Negros, Negros, Negros, Negros.

Jamás sierpe, ni cebra, ni mula
palidecieron al morir.
El leñador no sabe cuándo expiran

los clamorosos árboles que corta.
Aguardad bajo la sombra vegetal de vuestro rey
a que cicutas y cardos y ortigas turben postreras azoteas.

    Entonces, negros, entonces, entonces,
podréis besar con frenesí las ruedas de las bicicletas,
poncr parejas de microscopios en las cuevas de las ardi-
                                     [llas
y danzar al fin, sin duda, mientras las flores erizadas
asesinan a nuestro Moisés casi en los juncos del cielo.

    ¡Ay, Harlem disfrazada!
¡Ay, Harlem, amenazada por un gentío de trajes sin cabeza!
Me llega tu rumor,
me llega tu rumor atravesando troncos y ascensores,
a través de lágrimas grises,
donde flotan tus automóviles cubiertos de dientes,
a través de los caballos muertos y los crímenes diminutos,
a través de tu gran rey desesperado,
cuyas barbas llegan al mar.

IGLESIA ABANDONADA

(BALADA DE LA GRAN GUERRA)

    YO tenía un hijo que se llamaba Juan.
Yo tenía un hijo.
Se perdió por los arcos un viernes de todos los muertos.
Le vi jugar en las últimas escaleras de la misa
y echaba un cubito de hojalata en el corazón del sacerdote.
He golpeado los ataúdes. ¡Mi hijo! ¡Mi hijo! ¡Mi hijo!
Saqué una pata de gallina por detrás de la luna y luego

comprendí que mi niña era un pez
por donde se alejan las carretas.
Yo tenía una niña.
Yo tenía un pez muerto bajo las cenizas de los incensa-
[rios.
Yo tenía un mar. ¿De qué? ¡Dios mío! ¡Un mar!
Subí a tocar las campanas, pero las frutas tenían gusanos
y las cerillas apagadas
se comían los trigos de la primavera.
Yo vi la transparente cigüeña de alcohol
mondar las negras cabezas de los soldados agonizantes
y vi las cabañas de goma
donde giraban las copas llenas de lágrimas.
En las anémonas del ofertorio te encontraré, ¡corazón mío!,
cuando el sacerdote levante la mula y el buey con
[sus fuertes brazos,
para espantar los sapos nocturnos que rondan los helados
[paisajes del cáliz.
Yo tenía un hijo que era un gigante,
pero los muertos son más fuertes y saben devorar peda-
[zos de cielo.
Si mi niño hubiera sido un oso,
yo no temería el sigilo de los caimanes,
ni hubiese visto el mar amarrado a los árboles
para ser fornicado y herido por el tropel de los regimientos.
¡Si mi niño hubiera sido un oso!
Me envolveré sobre esta lona dura para no sentir el frío de
[los musgos.
Sé muy bien que me darán una manga o la corbata;
pero en el centro de la misa yo romperé el timón y entonces
vendrá a la piedra la locura de pingüinos y gaviotas
que harán decir a los que duermen y a los que cantan por
[las esquinas:
él tenía un hijo.
¡Un hijo! ¡Un hijo! ¡Un hijo
que no era más que suyo, porque era su hijo!
¡Su hijo! ¡Su hijo! ¡Su hijo!

DANZA DE LA MUERTE

EL mascarón. ¡Mirad el mascarón!
¡Cómo viene del África a New York!

Se fueron los árboles de la pimienta,
los pequeños botones de fósforo.
Se fueron los camellos de carne desgarrada
y los valles de luz que el cisne levantaba con el pico,

Era el momento de las cosas secas,
de la espiga en el ojo y el gato laminado,
del óxido de hierro de los grandes puentes
y el definitivo silencio del corcho.

Era la gran reunión de los animales muertos,
traspasados por las espadas de la luz;
la alegría eterna del hipopótamo con las pezuñas de ceniza
y de la gacela con una siempreviva en la garganta.

En la marchita soledad sin honda
el abollado mascarón danzaba.
Medio lado del mundo era de arena,
mercurio y sol dormido el otro medio.

El mascarón. ¡Mirad el mascarón!
¡Arena, caimán y miedo sobre Nueva York!

*

Desfiladeros de cal aprisionaban un cielo vacío
donde sonaban las voces de los que mueren bajo el
[guano.
Un cielo mondado y puro, idéntico a sí mismo,
con el bozo y lirio agudo de sus montañas invisibles,

acabó con los más leves tallidos del canto
y se fue al diluvio empaquetado de la savia,
a través del descanso de los últimos desfiles,
levantando con el rabo pedazos de espejo.

Cuando el chino lloraba en el tejado
sin encontrar el desnudo de su mujer
y el director del Banco observaba el manómetro
que mide el cruel silencio de la moneda,
el mascarón llegaba a Wall Street.

No es extraño para la danza
este columbario que pone los ojos amarillos.
De la esfinge a la caja de caudales hay un hilo tenso
que atraviesa el corazón de todos los niños pobres.
El ímpetu primitivo baila con el ímpetu mecánico,
ignorantes en su frenesí de la luz original.
Porque si la rueda olvida su fórmula,
ya puede cantar desnuda con las manadas de caballos:
y si una llama quema los helados proyectos,
el cielo tendrá que huir ante el tumulto de las ventanas.

No es extraño este sitio para la danza, yo lo digo.
El mascarón bailará entre columnas de sangre y de núme-
[ros,
entre huracanes de oro y gemidos de obreros parados
que aullarán, noche oscura, por tu tiempo sin luces,
¡oh salvaje Norteamérica!, ¡oh impúdica!, ¡oh, salvaje,
tendida en la frontera de la nieve!

El mascarón. ¡Mirad el mascarón!
¡Qué ola de fango y luciérnaga sobre Nueva York!

*

Yo estaba en la terraza luchando con la luna.
Enjambres de ventanas acribillaban un muslo de la noche.
En mis ojos bebían las dulces vacas de los cielos.
Y las brisas de largos remos
golpeaban los cenicientos cristales de Broadway.

La gota de sangre buscaba la luz de la yema del astro
para fingir una muerta semilla de manzana.
El aire de la llanura, empujado por los pastores
temblaba con un miedo de molusco sin concha.

Pero no son los muertos los que bailan,
estoy seguro.
Los muertos están embebidos, devorando sus propias ma-
[nos.
Son los otros los que bailan con el mascarón y su vihuela;
son los otros, los borrachos de plata, los hombres fríos,
los que crecen en el cruce de los muslos y llamas duras,
los que buscan la lombriz en el paisaje de las escaleras,
los que beben en el banco lágrimas de niña muerta
o los que comen por las esquinas diminutas pirámides del
[alba.
¡Que no baile el Papa!
¡No, que no baile el Papa!
Ni el Rey,
Ni el millonario de dientes azules,
ni las bailarinas secas de las catedrales,
ni constructores, ni esmeraldas, ni locos, ni sodomitas.
Sólo este mascarón,
este mascarón de vieja escarlatina,
¡sólo este mascarón!

Que ya las cobras silbarán por los últimos pisos,
que ya las ortigas estremecerán patios y terrazas,
que ya la Bolsa será una pirámide de musgo,
que ya vendrán lianas después de los fusiles
y muy pronto, muy pronto, muy pronto.
¡Ay, Wall Street!

El mascarón. ¡Mirad el mascarón!
¡Cómo escupe veneno de bosque
por la angustia imperfecta de Nueva York!

Diciembre 1929

PAISAJE DE LA MULTITUD QUE VOMITA
(ANOCHECER DE CONEY ISLAND)

LA mujer gorda venía delante
arrancando las raíces y mojando el pergamino de los tam-
la mujer gorda   [bores;
que vuelve del revés los pulpos agonizantes.
La mujer gorda, enemiga de la luna,
corría por las calles y los pisos deshabitados
y dejaba por los rincones pequeñas calaveras de paloma
y levantaba las furias de los banquetes de los siglos últimos
y llamaba al demonio del pan por las colinas del cielo ba-
                                                    [rrido
y filtraba un ansia de luz en las circulaciones subterráneas.
Son los cementerios, lo sé, son los cementerios
y el dolor de las cocinas enterradas bajo la arena;
son los muertos, los faisanes y las manzanas de otra hora
los que nos empujan en la garganta.

Llegaban los rumores de la selva del vómito
con las mujeres vacías, con niños de cera caliente,

con árboles fermentados y camareros incansables
que sirven platos de sal bajo las arpas de la saliva.
Sin remedio, hijo mío, ¡vomita! No hay remedio.
No es el vómito de los húsares sobre los pechos de la pros-
[tituta,
ni el vómito del gato que se tragó una rana por descuido.
Son los muertos que arañan con sus manos de tierra
las puertas de pedernal donde se pudren nublos y postres.

La mujer gorda venía delante
con las gentes de los barcos, de las tabernas y de los jar-
[dines.
El vómito agitaba delicadamente sus tambores
entre algunas niñas de sangre
que pedían protección a la luna.

¡Ay de mí! ¡Ay de mí! ¡Ay de mí!
Esta mirada mía fue mía, pero ya no es mía,
esta mirada que tiembla desnuda por el alcohol
y despide barcos increíbles
por las anémonas de los muelles.
Me defiendo con esta mirada
que mana de las ondas por donde el alba no se atreve,
yo, poeta sin brazos, perdido
entre la multitud que vomita,
sin caballo efusivo que corte
los espesos musgos de mis sienes.

Pero la mujer gorda seguía delante
y la gente buscaba las farmacias
donde el amargo tópico se fija.
Sólo cuando izaron la bandera y llegaron los primeros ca-
[nes
la ciudad entera se agolpó en las barandillas del embarca-
[dero.

New York, 29 de diciembre de 1929.

ASESINATO

(DOS VOCES DE MADRUGADA
EN RIVERSIDE DRIVE)

¿CÓMO fue?
–Una grieta en la mejilla.
¡Eso es todo!
Una uña que aprieta el tallo.
Un alfiler que bucea
hasta encontrar las raicillas del grito,
Y el mar deja de moverse.
–*¿Cómo, cómo fue?*
–Así.
–*¡Déjame! ¿De esa manera?*
–Sí.
El corazón salió solo.
–*¡Ay, ay de mí!*

NAVIDAD EN EL HUDSON

¡ESA esponja gris!
Ese marinero recién degollado.
Ese río grande.
Esa brisa de límites oscuros.
Ese filo, amor, ese filo.
Estaban los cuatro marineros luchando con el mundo
con el mundo de aristas que ven todos los ojos
con el mundo que no se puede recorrer sin caballos.
Estaban uno, cien, mil marineros,
luchando con el mundo de las agudas velocidades,

218

sin enterarse de que el mundo
estaba solo por el cielo.

El mundo solo por el cielo solo.
Son las colinas de martillos y el triunfo de la hierba espesa.
Son los vivísimos hormigueros y las monedas en el fango.
El mundo solo por el cielo solo
y el aire a la salida de todas las aldeas.

Cantaba la lombriz el terror de la rueda
y el marinero degollado
cantaba el oso de agua que lo había de estrechar;
y todos cantaban aleluya,
aleluya. Cielo desierto.
Es lo mismo, ¡lo mismo!, aleluya.

He pasado toda la noche en los andamios de los arra-
                                                     [bales
dejándome la sangre por la escayola de los proyectos,
ayudando a los marineros a recoger las velas desgarradas.
Y estoy con las manos vacías en el rumor de la desembo-
                                                     [cadura.
No importa que cada minuto
un niño nuevo agite sus ramitos de venas,
ni que el parto de la víbora, desatado bajo las ramas,
calme la sed de sangre de los que miran el desnudo.
Lo que importa es esto: hueco. Mundo solo. Desemboca-
                                                     [dura.
Alba no. Fábula inerte.
Sólo esto: desembocadura.
¡Oh esponja mía gris!
¡Oh cuello mío recién degollado!
¡Oh río grande mío!
¡Oh brisa mía de límites que no son míos!
¡Oh filo de mi amor, oh hiriente filo!

New York, 27 de diciembre de 1929

CIUDAD SIN SUEÑO

(NOCTURNO DEL BROOKLYN BRIDGE)

NO duerme nadie por el cielo. Nadie, nadie.
No duerme nadie.
Las criaturas de la luna huelen y rondan sus cabañas.
Vendrán las iguanas vivas a morder a los hombres que no
[sueñan
y el que huye con el corazón roto encontrará por las esqui-
[nas
al increíble cocodrilo quieto bajo la tierna protesta de los
[astros.

No duerme nadie por el mundo. Nadie, nadie.
No duerme nadie.
Hay un muerto en el cementerio más lejano
que se queja tres años
porque tiene un paisaje seco en la rodilla;
y el niño que enterraron esta mañana lloraba tanto
que hubo necesidad de llamar a los perros para que callase.

No es sueño la vida. ¡Alerta! ¡Alerta! ¡Alerta!
Nos caemos por las escaleras para comer la tierra húmeda
o subimos al filo de la nieve con el coro de las dalias muer-
[tas.
Pero no hay olvido, ni sueño:
carne viva. Los besos atan las bocas
en una maraña de venas recientes
y al que le duele su dolor le dolerá sin descanso
y el que teme la muerte la llevará sobre sus hombros.

Un día

los caballos vivirán en las tabernas
y las hormigas furiosas
atacarán los cielos amarillos que se refugian en los ojos
[de las vacas.

Otro día
veremos la resurrección de las mariposas disecadas
y aun andando por un paisaje de esponjas grises y barcos
[mudos
veremos brillar nuestro anillo y manar rosas de nuestra
[lengua.
¡Alerta! ¡Alerta! ¡Alerta!
A los que guardan todavía huellas de zarpa y aguacero,
a aquel muchacho que llora porque no sabe la invención
[del puente
o a aquel muerto que ya no tiene más que la cabeza y un
[zapato,
hay que llevarlos al muro donde iguanas y sierpes esperan,
donde espera la dentadura del oso,
donde espera la mano momificada del niño
y la piel del camello se eriza con un violento escalofrío azul.

No duerme nadie por el cielo. Nadie, nadie.
No duerme nadie.
Pero si alguien cierra los ojos,
¡azotadlo, hijos míos, azotadlo!
Haya un panorama de ojos abiertos
y amargas llagas encendidas.
No duerme nadie por el mundo. Nadie, nadie.

Ya lo he dicho.
No duerme nadie.
Pero si alguien tiene por la noche exceso de musgo en las
[sienes,
abrid los escotillones para que vea bajo la luna
las copas falsas, el veneno y la calavera de los teatros.

NACIMIENTO DE CRISTO

UN pastor pide teta por la nieve que ondula
blancos perros tendidos entre linternas sordas.
El Cristito de barro se ha partido los dedos
en los filos eternos de la madera rota.

¡Ya vienen las hormigas y los pies ateridos!
Dos hilillos de sangre quiebran el cielo duro.
Los vientres del demonio resuenan por los valles
golpes y resonancias de carne de molusco.

Lobos y sapos cantan en las hogueras verdes
coronadas por vivos hormigueros del alba.
La luna tiene un sueño de grandes abanicos
y el toro sueña un toro de agujeros y de agua.

El niño llora y mira con un tres en la frente.
San José ve en el heno tres espinas de bronce.
Los pañales exhalan un rumor de desierto
con cítaras sin cuerdas y degolladas voces.

La nieve de Manhattan empuja los anuncios
y lleva gracia pura por las falsas ojivas.
Sacerdotes idiotas y querubes de pluma
van detrás de Lutero por las altas esquinas.

LA AURORA

LA aurora de Nueva York tiene
cuatro columnas de cieno

222

y un huracán de negras palomas
que chapotean las aguas podridas.

La aurora de Nueva York gime
por las inmensas escaleras
buscando entre las aristas
nardos de angustia dibujada.

La aurora llega y nadie la recibe en su boca
porque allí no hay mañana ni esperanza posible.
A veces las monedas en enjambres furiosos
taladran y devoran abandonados niños.

Los primeros que salen comprenden con sus huesos
que no habrá paraíso ni amores deshojados;
saben que van al cieno de números y leyes,
a los juegos sin arte, a sudores sin fruto.

La luz es sepultada por cadenas y ruidos
en impúdico reto de ciencia sin raíces.
Por los barrios hay gentes que vacilan insomnes
como recién salidas de un naufragio de sangre.

EL NIÑO STANTON

DO you like me?
–*Yes, and you?*
–*Yes, yes.*
Cuando me quedo solo
me quedan todavía tus diez años,
los tres caballos ciegos,
tus quince rostros con el rostro de la pedrada
y las fiebres pequeñas heladas sobre las hojas del maíz.
Stanton, hijo mío, Stanton.
A las doce de la noche el cáncer salía por los pasillos

y hablaba con los caracoles vacíos de los documentos,
el vivísimo cáncer lleno de nubes y termómetros,
con su casto afán de manzana para que lo piquen los rui-
[señores.
En la casa donde hay un cáncer
se quiebran las blancas paredes en el delirio de la astrono-
[mía
y por los establos más pequeños y en las cruces de los bos-
[ques
brilla por muchos años el fulgor de la quemadura.
Mi dolor sangraba por las tardes
cuando tus ojos eran dos muros,
cuando tus manos eran dos países
y mi cuerpo rumor de hierba.
Mi agonía buscaba su traje,
polvorienta, mordida por los perros,
y tú la acompañaste sin temblar
hasta la puerta del agua oscura.
¡Oh mi Stanton, idiota y bello entre los pequeños anima-
[litos,
con tu madre fracturada por los herreros de las aldeas,
con un hermano bajo los arcos,
otro comido por los hormigueros,
y el cáncer sin alambradas latiendo por las habitaciones!
Hay nodrizas que dan a los niños
ríos de musgo y amargura de pie
y algunas negras suben a los pisos para repartir filtro de
[rata.

Porque es verdad que la gente
quiere echar las palomas a las alcantarillas
y yo sé lo que esperan los que por la calle
nos oprimen de pronto las yemas de los dedos.

   Tu ignorancia es un monte de leones, Stanton.
El día que el cáncer te dio una paliza
y te escupió en el dormitorio donde murieron los huéspe-
[des en la epidemia

224

y abrió su quebrada rosa de vidrios secos y manos blandas
para salpicar de lodo las pupilas de los que navegan,
tú buscaste en la hierba mi agonía,
mi agonía con flores de terror,
mientras que el agrio cáncer mudo que quiere acostarse
[contigo
pulverizaba rojos paisajes por las sábanas de amargura,
y ponía sobre los ataúdes
helados arbolitos de ácido bórico.
Stanton, vete al bosque con tus arpas judías,
vete para aprender celestiales palabras
que duermen en los troncos, en nubes, en tortugas,
en los perros dormidos, en el plomo, en el viento,
en lirios que no duermen, en aguas que no copian,
para que aprendas, hijo, lo que tu pueblo olvida.

    Cuando empiece el tumulto de la guerra
dejaré un pedazo de queso para tu perro en la oficina.
Tus diez años serán las hojas
que vuelan en los trajes de los muertos,
diez rosas de azufre débil
en el hombro de mi madrugada.
Y yo, Stanton, yo solo, en olvido,
con tus caras marchitas sobre mi boca,
iré penetrando a voces las verdes estatuas de la Malaria.

VACA

A Luis Lacasa

SE tendió la vaca herida.
Árboles y arroyos trepaban por sus cuernos.
Su hocico sangraba en el cielo.

Su hocico de abejas
bajo el bigote lento de la baba.
Un alarido blanco puso en pie la mañana.

Las vacas muertas y las vivas,
rubor de luz o miel de establo,
balaban con los ojos entornados.

Que se enteren las raíces
y aquel niño que afila su navaja
de que ya se pueden comer la vaca.

Arriba palidecen
luces y yugulares.
Cuatro pezuñas tiemblan en el aire.

Que se entere la luna
y esa noche de rocas amarillas:
que ya se fue la vaca de ceniza.

Que ya se fue balando
por el derribo de los cielos yertos
donde meriendan muerte los borrachos.

NIÑA AHOGADA EN EL POZO

(GRANADA Y NEWBURG)

LAS estatuas sufren por los ojos con la oscuridad de
[los ataúdes,
pero sufren mucho más por el agua que no desemboca.
Que no desemboca.

El pueblo corría por las almenas rompiendo las cañas
[de los pescadores.
¡Pronto! ¡Los bordes! ¡De prisa! Y croaban las estrellas tier-
[nas.
... que no desemboca.

Tranquila en mi recuerdo, astro, círculo, meta,
lloras por las orillas de un ojo de caballo.
... que no desemboca.

Pero nadie en lo oscuro podrá darte distancias,
sino afilado límite, porvenir de diamante.
... que no desemboca.

Mientras la gente busca silencios de almohada
tú lates para siempre definida en tu anillo.
... que no desemboca.

Eterna en los finales de unas ondas que aceptan
combate de raíces y soledad prevista.
... que no desemboca.

¡Ya vienen por las rampas! ¡Levántate del agua!
¡Cada punto de luz te dará una cadena!

... que no desemboca.

Pero el pozo te alarga manecitas de musgo,
insospechada ondina de su casta ignorancia.
... que no desemboca.

No, que no desemboca. Agua fija en un punto,
respirando con todos sus violines sin cuerdas
en la escala de las heridas y los edificios deshabitados.

¡Agua que no desemboca!

MUERTE

A Luis de la Serna

¡QUÉ esfuerzo!
¡Qué esfuerzo del caballo por ser perro!
¡Qué esfuerzo del perro por ser golondrina!
¡Qué esfuerzo de la golondrina por ser abeja!
¡Qué esfuerzo de la abeja por ser caballo!
Y el caballo,
¡qué flecha aguda exprime de la rosa!,
¡qué rosa gris levanta de su belfo!
Y la rosa,
¡qué rebaño de luces y alaridos
ata en el vivo azúcar de su tronco!
Y el azúcar,
¡qué puñalitos sueña en su vigilia!
Y los puñales diminutos,
¡qué luna sin establos, qué desnudos,
piel eterna y rubor, andan buscando!
Y yo, por los aleros,
¡qué serafín de llamas busco y soy!

Pero el arco de yeso,
¡qué grande, qué invisible, qué diminuto!,
sin esfuerzo.

NOCTURNO DEL HUECO

I

PARA ver que todo se ha ido,
para ver los huecos y los vestidos,
¡dame tu guante de luna,
tu otro guante perdido en la hierba,
amor mío!

Puede el aire arrancar los caracoles
muertos sobre el pulmón del elefante
y soplar los gusanos ateridos
de las yemas de luz o las manzanas.

Los rostros bogan impasibles
bajo el diminuto griterío de las yerbas
y en el rincón está el pechito de la rana
turbio de corazón y mandolina.

En la gran plaza desierta
mugía la bovina cabeza recién cortada
y eran duro cristal definitivo
las formas que buscaban el giro de la sierpe.

Para ver que todo se ha ido
dame tu mudo hueco, ¡amor mío!
Nostalgia de academia y cielo triste.
¡Para ver que todo se ha ido!

Dentro de ti, amor mío, por tu carne,
¡qué silencio de trenes bocaarriba!,
¡cuánto brazo de momia florecido!,
¡qué cielo sin salida, amor, qué cielo!

Es la piedra en el agua y es la voz en la brisa
bordes de amor que escapan de su tronco sangrante.
Basta tocar el pulso de nuestro amor presente
para que broten flores sobre los otros niños.

Para ver que todo se ha ido.
Para ver los huecos de nubes y ríos.
Dame tus manos de laurel, amor.
¡Para ver que todo se ha ido!

Ruedan los huecos puros, por mí, por ti, en el alba
conservando las huellas de las ramas de sangre
y algún perfil de yeso tranquilo que dibuja
instantáneo dolor de luna apuntillada.

Mira formas concretas que buscan su vacío.
Perros equivocados y manzanas mordidas.
Mira el ansia, la angustia de un triste mundo fósil
que no encuentra el acento de su primer sollozo.

Cuando busco en la cama los rumores del hilo
has venido, amor mío, a cubrir mi tejado.
El hueco de una hormiga puede llenar el aire,
pero tú vas gimiendo sin norte por mis ojos.

No, por mis ojos no, que ahora me enseñas
cuatro ríos ceñidos en tu brazo,
en la dura barraca donde la luna prisionera
devora a un marinero delante de los niños.

Para ver que todo se ha ido
¡amor inexpugnable, amor huido!

No, no me des tu hueco,
¡que ya va por el aire el mío!
¡Ay de ti, ay de mí, de la brisa!
Para ver que todo se ha ido.

II

Yo.
Con el hueco blanquísimo de un caballo,
crines de ceniza. Plaza pura y doblada.

Yo.
Mi hueco traspasado con las axilas rotas.
Piel seca de uva neutra y amianto de madrugada.

Toda la luz del mundo cabe dentro de un ojo.
Canta el gallo y su canto dura más que sus alas.

Yo.
Con el hueco blanquísimo de un caballo.
Rodeado de espectadores que tienen hormigas en las pala-
[bras.

En el circo del frío sin perfil mutilado.
Por los capiteles rotos de las mejillas desangradas.

Yo.
Mi hueco sin ti, ciudad, sin tus muertos que comen.
Ecuestre por mi vida definitivamente anclada.

Yo.
No hay siglo nuevo ni luz reciente.
Sólo un caballo azul y una madrugada.

PAISAJE CON DOS TUMBAS
Y UN PERRO ASIRlO

AMIGO,
levántate para que oigas aullar
al perro asirio.
Las tres mulas del cáncer han estado bailando,
hijo mío.
Trajeron unas montañas de lacre rojo
y unas sábanas duras donde estaba el cáncer dormido.
El caballo tenía un ojo en el cuello
y la luna estaba en un cielo tan frío
que tuvo que desgarrarse su monte de Venus
y ahogar en sangre y ceniza los cementerios antiguos.

Amigo,
despierta, que los montes todavía no respiran
y las hierbas de mi corazón están en otro sitio.
No importa que estés lleno de agua de mar.
Yo amé mucho tiempo a un niño
que tenía una plumilla en la lengua
y vivimos cien años dentro de un cuchillo.
Despierta. Calla. Escucha. Incorpórate un poco.

El aullido
es una larga lengua morada que deja
hormigas de espanto y licor de lirios
Ya viene hacia la roca. ¡No alargues tus raíces!
Se acerca. Gime. No solloces en sueños, amigo.
¡Amigo!
Levántate para que oigas aullar
al perro asirio.

RUINA

A Regino Sainz de la Maza

SIN encontrarse,
viajero por su propio torso blanco,
¡así iba el aire!

Pronto se vio que la luna
era una calavera de caballo
y el aire una manzana oscura.

Detrás de la ventana
con látigos y luces se sentía
la lucha de la arena con el agua.

Yo vi llegar las hierbas
y les eché un cordero que balaba
bajo sus dientecillos y lancetas.

Volaba dentro de una gota
la cáscara de pluma y celuloide
de la primera paloma.

Las nubes en manada
se quedaron dormidas contemplando
el duelo de las rocas con el alba.

Vienen las hierbas, hijo.
Ya suenan sus espadas de saliva
por el cielo vacío.

Mi mano, amor. ¡Las hierbas!
Por los cristales rotos de la casa
la sangre desató sus cabelleras.

Tú solo y yo quedamos.
Prepara tu esqueleto para el aire.
Yo solo y tú quedamos.

Prepara tu esqueleto.
Hay que buscar de prisa, amor, de prisa,
nuestro perfil sin sueño.

LUNA Y PANORAMA DE LOS INSECTOS
(POEMA DE AMOR)

> *La luna en el mar riela,*
> *en la lona gime el viento*
> *y alza en blando movimiento*
> *olas de plata y azul.*

ESPRONCEDA

MI corazón tendría la forma de un zapato
si cada aldea tuviera una sirena.
Pero la noche es interminable cuando se apoya en los en-
[fermos
y hay barcos que buscan ser mirados para poder hundirse
[tranquilos.

Si el aire sopla blandamente
mi corazón tiene la forma de una niña.
Si el aire se niega a salir de los cañaverales

234

mi corazón tiene la forma de una milenaria boñiga de
[toro.

    Bogar, bogar, bogar, bogar,
hacia el batallón de puntas desiguales,
hacia un paisaje de acechos pulverizados.
Noche igual de la nieve, de los sistemas suspendidos.
Y la luna.
¡La luna!
Pero no la luna.
La raposa de las tabernas,
el gallo japonés que se comió los ojos,
las hierbas masticadas.

    No nos salvan las solitarias en los vidrios,
ni los herbolarios donde el metafísico
encuentra las otras vertientes del cielo.
Son mentira las formas. Sólo existe
el círculo de bocas del oxígeno.
Y la luna.
Pero no la luna.
Los insectos,
los muertos diminutos por las riberas,
dolor en longitud,
yodo en un punto,
las muchedumbres en el alfiler,
el desnudo que amasa la sangre de todos,
y mi amor que no es un caballo ni una quemadura,
criatura de pecho devorado.
¡Mi amor!

    Ya cantan, gritan, gimen: Rostro. ¡Tu rostro! Rostro.
Las manzanas son unas,
las dalias son idénticas,
la luz tiene un sabor de metal acabado
y el campo de todo un lustro cabrá en la mejilla de la mo-
[neda.

235

Pero tu rostro cubre los cielos del banquete.
¡Ya cantan!, ¡gritan!, ¡gimen!,
¡cubren!, ¡trepan!, ¡espantan!

Es necesario caminar, ¡de prisa!, por las ondas, por las
[ramas,
por las calles deshabitadas de la edad media que bajan al
[río,
por las tiendas de las pieles donde suena un cuerno de vaca
[herida,
por las escalas, ¡sin miedo!, por las escalas.
Hay un hombre descolorido que se está bañando en
[el mar;
es tan tierno que los reflectores le comieron jugando
[el corazón.
Y en el Perú viven mil mujeres, ¡oh insectos!, que noche y
[día
hacen nocturnos y desfiles entrecruzando sus propias ve-
[nas.

Un diminuto guante corrosivo me detiene. ¡Basta!
En mi pañuelo he sentido el tris
de la primera vena que se rompe.
Cuida tus pies, amor mío, ¡tus manos!,
ya que yo tengo que entregar mi rostro,
mi rostro, ¡mi rostro!, ¡ay, mi comido rostro!

Este fuego casto para mi deseo,
esta confusión por anhelo de equilibrio,
este inocente dolor de pólvora en mis ojos,
aliviará la angustia de otro corazón
devorado por las nebulosas.

No nos salva la gente de las zapaterías,
ni los paisajes que se hacen música al encontrar las llaves
[oxidadas.
Son mentira los aires. Sólo existe

una cunita en el desván
que recuerda todas las cosas.
Y la luna.
Pero no la luna.
Los insectos,
los insectos solos,
crepitantes, mordientes, estremecidos, agrupados,
y la luna
con un guante de humo sentada en la puerta de sus derri-
[bos.

¡¡La luna!!

New York, 4 de enero de 1930.

NEW YORK

OFICINA Y DENUNCIA

A Fernando Vela

DEBAJO de las multiplicaciones
hay una gota de sangre de pato.
Debajo de las divisiones
hay una gota de sangre de marinero.
Debajo de las sumas, un río de sangre tierna;
un río que viene cantando
por los dormitorios de los arrabales,
y es plata, cemento o brisa
en el alba mentida de New York.
Existen las montañas, lo sé.
Y los anteojos para la sabiduría,
lo sé. Pero yo no he venido a ver el cielo,
He venido para ver la turbia sangre,
la sangre que lleva las máquinas a las cataratas

y el espíritu a la lengua de la cobra.
Todos los días se matan en New York
cuatro millones de patos,
cinco millones de cerdos,
dos mil palomas para el gusto de los agonizantes,
un millón de vacas,
un millón de corderos
y dos millones de gallos,
que dejan los cielos hechos añicos.
Más vale sollozar afilando la navaja
o asesinar a los perros en las alucinantes cacerías,
que resistir en la madrugada
los interminables trenes de leche,
los interminables trenes de sangre
y los trenes de rosas maniatadas
por los comerciantes de perfumes.
Los patos y las palomas,
y los cerdos y los corderos
ponen sus gotas de sangre
debajo de las multiplicaciones,
y los terribles alaridos de las vacas estrujadas
llenan de dolor el valle
donde el Hudson se emborracha con aceite.
Yo denuncio a toda la gente
que ignora la otra mitad,
la mitad irredimible
que levanta sus montes de cemento
donde laten los corazones
de los animalitos que se olvidan
y donde caeremos todos
en la última fiesta de los taladros.
Os escupo en la cara.
La otra mitad me escucha
devorando, cantando, volando en su pureza,
como los niños de las porterías
que llevan frágiles palitos
a los huecos donde se oxidan

las antenas de los insectos.
No es el infierno, es la calle.
No es la muerte, es la tienda de frutas.
Hay un mundo de ríos quebrados y distancias inasibles
en la patita de ese gato quebrada por el automóvil,
y yo oigo el canto de la lombriz
en el corazón de muchas niñas.
Óxido, fermento, tierra estremecida.
Tierra tú mismo que nadas por los números de la oficina.
¿Qué voy a hacer, ordenar los paisajes?
¿Ordenar los amores que luego, son fotografías,
que luego son pedazos de madera y bocanadas de sangre?
No, no; yo denuncio.
Yo denuncio la conjura
de estas desiertas oficinas
que no radian las agonías,
que borran los programas de la selva,
y me ofrezco a ser comido por las vacas estrujadas
cuando sus gritos llenan el valle
donde el Hudson se emborracha con aceite.

GRITO HACIA ROMA

(DESDE LA TORRE DEL CHRYSLER BUILDING)

MANZANAS levemente heridas
por finos espadines de plata,
nubes rasgadas por una mano de coral
que lleva en el dorso una almendra de fuego,
peces de arsénico como tiburones,
tiburones como gotas de llanto para cegar una multitud,
rosas que hieren
y agujas instaladas en los caños de la sangre,

mundos enemigos y amores cubiertos de gusanos
caerán sobre ti. Caerán sobre la gran cúpula
que untan de aceite las lenguas militares
donde un hombre se orina en una deslumbrante paloma
y escupe carbón machacado
rodeado de miles de campanillas.

Porque ya no hay quien reparta el pan ni el vino,
ni quien cultive hierbas en la boca del muerto,
ni quien abra los linos del reposo,
ni quien llore por las heridas de los elefantes.
No hay más que un millón de herreros
forjando cadenas para los niños que han de venir.
No hay más que un millón de carpinteros
que hacen ataúdes sin cruz.
No hay más que un gentío de lamentos
que se abren las ropas en espera de la bala.
El hombre que desprecia la paloma debía hablar,
debía gritar desnudo entre las columnas,
y ponerse una inyección para adquirir la lepra
y llorar un llanto tan terrible
que disolviera sus anillos y sus teléfonos de diamante.
Pero el hombre vestido de blanco
ignora el misterio de la espiga,
ignora el gemido de la parturienta,
ignora que Cristo puede dar agua todavía,
ignora que la moneda quema el beso de prodigio
y da la sangre del cordero al pico idiota del faisán.

Los maestros enseñan a los niños
una luz maravillosa que viene del monte;
pero lo que llega es una reunión de cloacas
donde gritan las oscuras ninfas del cólera.
Los maestros señalan con devoción las enormes cúpulas
[sahumadas;
pero debajo de las estatuas no hay amor,
no hay amor bajo los ojos de cristal definitivo.

El amor está en las carnes desgarradas por la sed,
en la choza diminuta que lucha con la inundación;
el amor está en los fosos donde luchan las sierpes del ham-
[bre,
en el triste mar que mece los cadáveres de las gaviotas
y en el oscurísimo beso punzante debajo de las almohadas.
Pero el viejo de las manos traslúcidas
dirá: amor, amor, amor,
aclamado por millones de moribundos;
dirá: amor, amor, amor,
entre el tisú estremecido de ternura;
dirá: paz, paz, paz,
entre el tirite de cuchillos y melones de dinamita;
dirá: amor, amor, amor,
hasta que se le pongan de plata los labios.

Mientras tanto, mientras tanto, ¡ay!, mientras tanto,
los negros que sacan las escupideras,
los muchachos que tiemblan bajo el terror pálido de los di-
[rectores,
las mujeres ahogadas en aceites minerales,
la muchedumbre de martillo, de violín o de nube,
ha de gritar aunque le estrellen los sesos en el muro,
ha de gritar frente a las cúpulas,
ha de gritar loca de fuego,
ha de gritar loca de nieve,
ha de gritar con la cabeza llena de excremento,
ha de gritar como todas las noches juntas,
ha de gritar con voz tan desgarrada
hasta que las ciudades tiemblen como niñas
y rompan las prisiones del aceite y la música,
porque queremos el pan nuestro de cada día,
flor de aliso y perenne ternura desgranada,
porque queremos que se cumpla la voluntad de la Tierra
que da sus frutos para todos.

ODA A WALT WHITMAN

POR el East River y el Bronx
los muchachos cantaban enseñando sus cinturas,
con la rueda, el aceite, el cuero y el martillo.
Noventa mil mineros sacaban la plata de las rocas
y los niños dibujaban escaleras y perspectivas.

Pero ninguno se dormía,
ninguno quería ser el río,
ninguno amaba las hojas grandes,
ninguno la lengua azul de la playa.

Por el East River y el Queensborough
los muchachos luchaban con la industria,
y los judíos vendían al fauno del río
la rosa de la circuncisión
y el cielo desembocaba por los puentes y los tejados
manadas de bisontes empujadas por el viento.

Pero ninguno se detenía,
ninguno quería ser nube,
ninguno buscaba los helechos
ni la rueda amarilla del tamboril.

Cuando la luna salga
las poleas rodarán para turbar el cielo;
un límite de agujas cercará la memoria
y los ataúdes se llevarán a los que no trabajan.

Nueva York de cieno,
Nueva York de alambre y de muerte.

¿Qué ángel llevas oculto en la mejilla?
¿Qué voz perfecta dirá las verdades del trigo?
¿Quién el sueño terrible de tus anémonas manchadas?

Ni un solo momento, viejo hermoso Walt Whitman,
he dejado de ver tu barba llena de mariposas,
ni tus hombros de pana gastados por la luna,
ni tus muslos de Apolo virginal,
ni tu voz como una columna de ceniza;
anciano hermoso como la niebla
que gemías igual que un pájaro
con el sexo atravesado por una aguja,
enemigo del sátiro,
enemigo de la vid
y amante de los cuerpos bajo la burda tela.
Ni un solo momento, hermosura viril
que en montes de carbón, anuncios y ferrocarriles,
soñabas ser un río y dormir como un río
con aquel camarada que pondría en tu pecho
un pequeño dolor de ignorante leopardo.

Ni un solo momento, Adán de sangre, macho,
hombre solo en el mar, viejo hermoso Walt Whitman,
porque por las azoteas,
agrupados en los bares,
saliendo en racimos de las alcantarillas,
temblando entre las piernas de los chauffeurs
o girando en las plataformas del ajenjo,
los maricas, Walt Whitman, te señalan.

¡También ése! ¡También! Y se despeñan
sobre tu barba luminosa y casta,
rubios del norte, negros de la arena,
muchedumbres de gritos y ademanes,
como gatos y como las serpientes,
los maricas, Walt Whitman, los maricas

turbios de lágrimas, carne para fusta,
bota o mordisco de los domadores.

¡También ése! ¡También! Dedos teñidos
apuntan a la orilla de tu sueño
cuando el amigo come tu manzana
con un leve sabor de gasolina
y el sol canta por los ombligos
de los muchachos que juegan bajo los puentes.

Pero tú no buscabas los ojos arañados,
ni el pantano oscurísimo donde sumergen a los niños,
ni la saliva helada,
ni las curvas heridas como panza de sapo
que llevan los maricas en coches y terrazas
mientras la luna los azota por las esquinas del terror.

Tú buscabas un desnudo que fuera como un río,
toro y sueño que junte la rueda con el alga,
padre de tu agonía, camelia de tu muerte,
y gimiera en las llamas de tu ecuador oculto.

Porque es justo que el hombre no busque su deleite
en la selva de sangre de la mañana próxima.
El cielo tiene playas donde evitar la vida
y hay cuerpos que no deben repartirse en la aurora.

Agonía, agonía, sueño, fermento y sueño.
Éste es el mundo, amigo, agonía, agonía.
Los muertos se descomponen bajo el reloj de las ciudades,
la guerra pasa llorando con un millón de ratas grises,
los ricos dan a sus queridas
pequeños moribundos iluminados,
y la vida no es noble, ni buena, ni sagrada.

Puede el hombre, si quiere, conducir su deseo
por vena de coral o celeste desnudo.
Mañana los amores serán rocas y el Tiempo
una brisa que viene dormida por las ramas.

Por eso no levanto mi voz, viejo Walt Whitman,
contra el niño que escribe
nombre de niña en su almohada,
ni contra el muchacho que se viste de novia
en la oscuridad del ropero,
ni contra los solitarios de los casinos
que beben con asco el agua de la prostitución,
ni contra los hombres de mirada verde
que aman al hombre y queman sus labios en silencio.
Pero sí contra vosotros, maricas de las ciudades,
de carne tumefacta y pensamiento inmundo,
madres de lodo, arpías, enemigos sin sueño
del Amor que reparte coronas de alegría.

Contra vosotros siempre, que dais a los muchachos
gotas de sucia muerte con amargo veneno.
Contra vosotros siempre,
Faeries de Norteamérica,
Pájaros de La Habana,
Jotos de Méjico,
Sarasas de Cádiz,
Apios de Sevilla,
Cancos de Madrid,
Floras de Alicante,
Adelaidas de Portugal.

¡Maricas de todo el mundo, asesinos de palomas!
Esclavos de la mujer, perras de sus tocadores,
abiertos en las plazas con fiebre de abanico
o emboscados en yertos paisajes de cicuta.

¡No haya cuartel! La muerte
mana de vuestros ojos
y agrupa flores grises en la orilla del cieno.
¡No haya cuartel! ¡Alerta!
Que los confundidos, los puros,
los clásicos, los señalados, los suplicantes
os cierren las puertas de la bacanal.

Y tú, bello Walt Whitman, duerme a orillas del Hudson
con la barba hacia el polo y las manos abiertas.
Arcilla blanda o nieve, tu lengua está llamando
camaradas que velen tu gacela sin cuerpo.
Duerme, no queda nada.
Una danza de muros agita las praderas
y América se anega de máquinas y llanto.
Quiero que el aire fuerte de la noche más honda
quite flores y letras del arco donde duermes
y un niño negro anuncie a los blancos del oro
la llegada del reino de la espiga.

SON DE NEGROS EN CUBA

CUANDO llegue la luna llena
iré a Santiago de Cuba.
Iré a Santiago.
En un coche de agua negra
Iré a Santiago.
Cantarán los techos de palmera.
Iré a Santiago.
Cuando la palma quiere ser cigüeña.
Iré a Santiago.
Y cuando quiere ser medusa el plátano.

Iré a Santiago.
Con la rubia cabeza de Fonseca.
Iré a Santiago.
Y con el rosa de Romeo y Julieta.
Iré a Santiago.
Mar de papel y plata de monedas.
Iré a Santiago.
¡Oh Cuba, oh ritmo de semillas secas!
Iré a Santiago.
¡Oh cintura caliente y gota de madera!
Iré a Santiago.
¡Arpa de troncos vivos, caimán, flor de tabaco!
Iré a Santiago.
Siempre dije que yo iría a Santiago
en un coche de agua negra.
Iré a Santiago.
Brisa y alcohol en las ruedas.
Iré a Santiago.
Mi coral en la tiniebla.
Iré a Santiago.
El mar ahogado en la arena.
Iré a Santiago.
Calor blanco, fruta muerta.
Iré a Santiago.
¡Oh bovino frescor de cañavera!
¡Oh Cuba! ¡Oh curva de suspiro y barro!
Iré a Santiago.

CRUCIFIXIÓN

LA luna pudo detenerse al fin por la curva blanquísi-
                                    [ma de los caballos.

Un rayo de luz violenta que se escapaba de la herida
proyectó en el cielo el instante de la circuncisión de un
[niño muerto.

    La sangre bajaba por el monte y los ángeles la buscaban,
pero los cálices eran de viento y al fin llenaba los zapatos.
Cojos perros fumaban sus pipas y un olor de cuero
                                                    [caliente
ponía grises los labios redondos de los que vomitaban en
                                                    [las esquinas.
Y llegaban largos alaridos por el Sur de la noche seca.
Era que la luna quemaba con sus bujías el falo de los ca-
                                                    [ballos.
Un sastre especialista en púrpura
había encerrado a tres santas mujeres
y les enseñaba una calavera por los vidrios de la ventana.
Las tres en el arrabal rodeaban a un camello blanco
que lloraba porque al alba
tenía que pasar sin remedio por el ojo de una aguja.
¡Oh cruz! ¡Oh clavos! ¡Oh espina!
¡Oh espina clavada en el hueso hasta que se oxiden los pla-
                                                    [netas!
Como nadie volvía la cabeza, el cielo pudo desnudarse.
Entonces se oyó la gran voz y los fariseos dijeron:
Esa maldita vaca tiene las tetas llenas de leche.
La muchedumbre cerraba las puertas
y la lluvia bajaba por las calles decidida a mojar el corazón
mientras la tarde se puso turbia de latidos y leñadores
y la oscura ciudad agonizaba bajo el martillo de los car-
                                                    [pinteros.

    Esa maldita vaca
tiene las tetas llenas de perdigones,
dijeron los fariseos.
Pero la sangre mojó sus pies y los espíritus inmundos
estrellaban ampollas de laguna sobre las paredes del tem-
                                                    [plo.

Se supo el momento preciso de la salvación de nuestra
[vida.

Porque la luna lavó con agua
las quemaduras de los caballos
y no la niña viva que callaron en la arena.
Entonces salieron los fríos cantando sus canciones
y las ranas encendieron sus lumbres en la doble orilla del
[río.
Esa maldita vaca, maldita, maldita, maldita
no nos dejará dormir, dijeron los fariseos,
y se alejaron a sus casas por el tumulto de la calle
dando empujones a los borrachos y escupiendo sal de los
[sacrificios
mientras la sangre los seguía con un balido de cordero.

Fue entonces
y la tierra despertó arrojando temblorosos ríos de polilla.

New York, 18 de octubre de 1929

PEQUEÑO POEMA INFINITO

Para Luis Cardoza y Aragón

EQUIVOCAR el camino
es llegar a la nieve
y llegar a la nieve
es pacer durante veinte siglos las hierbas de los cemente-
[rios.

Equivocar el camino
es llegar a la mujer,

la mujer que no teme la luz,
la mujer que mata dos gallos en un segundo,
la luz que no teme a los gallos
y los gallos que no saben cantar sobre la nieve.

Pero si la nieve se equivoca de corazón
puede llegar el viento Austro
y como el aire no hace caso de los gemidos
tendremos que pacer otra vez las hierbas de los cemente-
                                                [rios.

Yo vi dos dolorosas espigas de cera
que enterraban un paisaje de volcanes
y vi dos niños locos que empujaban llorando las pupilas
                                        [de un asesino.

Pero el dos no ha sido nunca un número
porque es una angustia y su sombra,
porque es la guitarra donde el amor se desespera,
porque es la demostración de otro infinito que no es suyo
y es las murallas del muerto
y el castigo de la nueva resurrección sin finales.
Los muertos odian el número dos,
pero el número dos adormece a las mujeres
y como la mujer teme la luz
la luz tiembla delante de los gallos
y los gallos sólo saben volar sobre la nieve
tendremos que pacer sin descanso las hierbas de los ce-
                                            [menterios.

New York, 10 de enero de 1930.

TIERRA Y LUNA

ME quedo con el transparente hombrecillo
que come los huevos de la golondrina.
Me quedo con el niño desnudo
que pisotean los borrachos de Brooklyn,
con las criaturas mudas que pasan bajo los arcos.
Con el arroyo de venas ansioso de abrir sus manecitas.

Tierra tan sólo. Tierra.
Tierra para los manteles estremecidos,
para la pupila viciosa de nube,
para las heridas recientes y el húmedo pensamiento.
Tierra para todo lo que huye de la tierra.

No es la ceniza en vilo de las cosas quemadas,
ni los muertos que mueven sus lenguas bajo los árboles.
Es la tierra desnuda que bala por el cielo
y deja atrás los grupos ligeros de ballenas.

Es la tierra alegrísima, imperturbable nadadora,
la que yo encuentro en el niño y en las criaturas que pa-
                                    [san los arcos.
¡Viva tierra de mi pulso y del baile de los helechos,
que deja a veces por el aire un duro perfil de Faraón!

Me quedo con la mujer fría
donde se queman los musgos inocentes;
me quedo con los borrachos de Brooklyn
que pisan al niño desnudo;
me quedo con los signos desgarrados
de la lenta comida de los osos.

Pero entonces baja la luna despeñada por las escaleras,
poniendo las ciudades de hule celeste y talco sensitivo,
llenando de pies de mármol la llanura sin recodos,
y olvidando, bajo las sillas, diminutas carcajadas de algo-
[dón.
  ¡Oh Diana, Diana, Diana vacía!
Convexa resonancia donde la abeja se vuelve loca.
Mi amor es paso, tránsito, larga muerte gustada,
nunca la piel ilesa de tu desnudo huido.

  Es tierra, ¡Dios mío!, tierra, lo que vengo buscando.
Embozo de horizonte, latido y sepultura.
Es dolor que se acaba y amor que se consume,
torre de sangre abierta con las manos quemadas.

  Pero la luna subía y bajaba las escaleras,
repartiendo lentejas desangradas en los ojos,
dando escobazos de plata a los niños de los muelles
y borrando mi apariencia por el término del aire.

LUNA Y PANORAMA DE LOS INSECTOS

(El poeta pide ayuda a la Virgen)

  PIDO a la divina Madre de Dios,
Reina celeste de todo lo criado,
me dé la pura luz de los animalitos
que tienen una sola letra en su vocabulario,

animales sin alma, simples formas,
lejos de la despreciable sabiduría del gato,
lejos de la profundidad ficticia de los búhos,
lejos de la escultórica sapiencia del caballo,
criaturas que aman sin ojos,
con un solo sentido de infinito ondulado
y que se agrupan en grandes montones
para ser comidas por los pájaros.
Pido la sola dimensión
que tienen los pequeños animales planos,
para narrar cosas cubiertas de tierra
bajo la dura inocencia del zapato;
no hay quien llore porque comprenda
el millón de muertecitas que tiene el mercado,
esa muchedumbre china de cebollas decapitadas
y ese gran sol amarillo de viejos peces aplastados.
Tú, Madre siempre temible. Ballena de todos los cielos.
Tú, Madre siempre bromista. Vecina del perejil prestado.
Sabes que yo comprendo la carne mínima del mundo.

HABLA LA SANTÍSIMA VIRGEN

SI me quito los ojos de la jirafa,
me pongo los ojos de la cocodrila.
Porque yo soy la Virgen María.
Las moscas ven una polvareda de pimienta.
Pero ellas no son la Virgen María.
Miro los crímenes de las hojas,
el orgullo punzante de las avispas,
el asno indiferente, loco de doble luna,

y el establo donde el planeta se come sus pequeñas crías.
Porque yo soy la Virgen María.

La soledad vive clavada en el barro...

OMEGA

(POEMA PARA MUERTOS)

LAS hierbas.
Yo me cortaré la mano derecha.
Espera.
Las hierbas.
Tengo un guante de mercurio y otro de seda.
Espera.
¡Las hierbas!
No solloces. Silencio, que no nos sientan.
Espera.
¡Las hierbas!
Se cayeron las estatuas
al abrirse la gran puerta.
¡¡Las hierbaaas!!

INFANCIA Y MUERTE

PARA buscar mi infancia, ¡Dios mío! Palomares vacíos.
Comí naranjas podridas, papeles viejos.
Y encontré mi cuerpecito comido por las ratas,
en el fondo del aljibe, con las cabelleras de los locos.
Mi traje de marinero

no estaba empapado con el aceite de las ballenas,
pero tenía la eternidad vulnerable de las fotografías.
Ahogado, sí, bien ahogado. Duerme, hijito mío, duerme.
Niño vencido en el colegio y en el vals de la rosa herida,
asombrado con el alba oscura del vello sobre los muslos,
agonizando con su propio hombre que masticaba tabaco en
[su costado siniestro.
Oigo un río seco lleno de latas de conserva
donde cantan las alcantarillas y arrojan las camisas llenas
[de sangre,
un río de gatos podridos que fingen corolas y anémonas
para engañar a la luna y que se apoye dulcemente en ellos.
Aquí solo con mi ahogado.
Aquí solo con la brisa de musgos fríos y tapaderas de hoja-
[lata.
Aquí solo, veo que ya me han cerrado la puerta.
Me han cerrado la puerta y hay un grupo de muertos
que juega al tiro al blanco y otro grupo de muertos
que busca por la cocina las cáscaras de melón,
y un solitario, azul, inexplicable muerto
que me busca por las escaleras, que mete las manos en el
[aljibe
mientras los astros llenan de ceniza las cerraduras de las
[catedrales
y las gentes se quedan de pronto con todos los trajes pe-
[queños.
Para buscar mi infancia, ¡Dios mío!
Comí limones estrujados, establos, periódicos marchitos,
pero mi infancia era una rata que huía por un jardín oscu-
[rísimo,
una rata satisfecha mojada por el agua simple,
una rata para el asalto de los grandes almacenes
que llevaba un anda de oro entre sus dientes diminutos
en una tienda de pianos asaltada violentamente por la luna.

7 de octubre de 1929
New York.

IV. GACELAS, CASIDAS Y SONETOS

(De DIVÁN DEL TAMARIT y sonetos)

I

GACELA DEL AMOR IMPREVISTO

NADIE comprendía el perfume
de la oscura magnolia de tu vientre.
Nadie sabía que martirizabas
un colibrí de amor entre los dientes.

Mil caballitos persas se dormían
en la plaza con luna de tu frente,
mientras que yo enlazaba cuatro noches
tu cintura, enemiga de la nieve.

Entre yeso y jazmines, tu mirada
era un pálido ramo de simientes.
Yo busqué, para darte, por mi pecho
las letras de marfil que dicen *siempre*,

siempre, siempre: jardín de mi agonía,
tu cuerpo fugitivo para siempre,
la sangre de tus venas en mi boca,
tu boca ya sin luz para mi muerte.

II

GACELA DE LA TERRIBLE PRESENCIA

YO quiero que el agua se quede sin cauce.
Yo quiero que el viento se quede sin valles.

Quiero que la noche se quede sin ojos
y mi corazón sin la flor del oro;

que los bueyes hablen con las grandes hojas
y que la lombriz se muera de sombra;

que brillen los dientes de la calavera
y los amarillos inunden la seda.

Puedo ver el duelo de la noche herida
luchando enroscada con el mediodía.

Resisto un ocaso de verde veneno
y los arcos rotos donde sufre el tiempo.

Pero no ilumines tu limpio desnudo
como un negro cactus abierto en los juncos.

Déjame en un ansia de oscuros planetas,
pero no me enseñes tu cintura fresca.

III

GACELA DEL AMOR DESESPERADO

LA noche no quiere venir
para que tú no vengas,
ni yo pueda ir.

Pero yo iré,
aunque un sol de alacranes me coma la sien.

Pero tú vendrás
con la lengua quemada por la lluvia de sal.

El día no quiere venir
para que tú no vengas,
ni yo pueda ir.

Pero yo iré
entregando a los sapos mi mordido clavel.

Pero tú vendrás
por las turbias cloacas de la oscuridad.

Ni la noche ni el día quieren venir
para que por ti muera
y tú mueras por mí.

IV

GACELA DEL AMOR QUE NO SE DEJA VER

SOLAMENTE por oír
la campana de la Vela
te puse una corona de verbena.

*Granada era una luna
ahogada entre las yedras.*

Solamente por oír
la campana de la Vela
desgarré mi jardín de Cartagena.

*Granada era una corza
rosa por las veletas.*

Solamente por oír
la campana de la Vela
me abrasaba en tu cuerpo
sin saber de quién era.

V

GACELA DEL NIÑO MUERTO

TODAS las tardes en Granada,
todas las tardes se muere un niño.

Todas las tardes el agua se sienta
a conversar con sus amigos.

Los muertos llevan alas de musgo.
El viento nublado y el viento limpio
son dos faisanes que vuelan por las torres
y el día es un muchacho herido.

No quedaba en el aire ni una brizna de alondra
cuando yo te encontré por las grutas del vino.
No quedaba en la tierra ni una miga de nube
cuando te ahogabas por el río.

Un gigante de agua cayó sobre los montes
y el valle fue rodando con perros y con lirios.
Tu cuerpo, con la sombra violeta de mis manos,
era, muerto en la orilla, un arcángel de frío.

VI

GACELA DE LA RAÍZ AMARGA

HAY una raíz amarga
y un mundo de mil terrazas.

Ni la mano más pequeña
quiebra la puerta del agua.

¿Dónde vas, adónde, dónde?
Hay un cielo de mil ventanas
–batalla de abejas lívidas–
y hay una raíz amarga.

Amarga.

Duele en la planta del pie
el interior de la cara,
y duele en el tronco fresco
de noche recién cortada.

¡Amor, enemigo mío,
muerde tu raíz amarga!

VII

GACELA DEL RECUERDO DE AMOR

NO te lleves tu recuerdo.
Déjalo solo en mi pecho,

temblor de blanco cerezo
en el martirio de enero.

Me separa de los muertos
un muro de malos sueños.

Doy pena de lirio fresco
para un corazón de yeso.

Toda la noche, en el huerto
mis ojos, como dos perros.

Toda la noche, comiendo
los membrillos de veneno.

Algunas veces el viento
es un tulipán de miedo,

es un tulipán enfermo
la madrugada de invierno.

Un muro de malos sueños
me separa de los muertos.

La hierba cubre en silencio
el valle gris de tu cuerpo.

Por el arco del encuentro
la cicuta está creciendo.

Pero deja tu recuerdo,
déjalo sólo en mi pecho.

VIII

GACELA DE LA MUERTE OSCURA

QUIERO dormir el sueño de las manzanas,
alejarme del tumulto de los cementerios.
Quiero dormir el sueño de aquel niño
que quería cortarse el corazón en alta mar.

No quiero que me repitan que los muertos no pierden
[la sangre;
que la boca podrida sigue pidiendo agua.
No quiero enterarme de los martirios que da la hierba,
ni de la luna con boca de serpiente
que trabaja antes del amanecer.

Quiero dormir un rato,
un rato, un minuto, un siglo;
pero que todos sepan que no he muerto;

que hay un establo de oro en mis labios;
que soy el pequeño amigo del viento Oeste;
que soy la sombra inmensa de mis lágrimas.

Cúbreme por la aurora con un velo,
porque me arrojará puñados de hormigas,
y moja con agua dura mis zapatos
para que resbale la pinza de su alacrán.

Porque quiero dormir el sueño de las manzanas
para aprender un llanto que me limpie de tierra;
porque quiero vivir con aquel niño oscuro
que quería cortarse el corazón en alta mar.

IX

GACELA DEL AMOR MARAVILLOSO

CON todo el yeso
de los malos campos,
eras junco de amor, jazmín mojado.

Con sur y llama
de los malos cielos,
eras rumor de nieve por mi pecho.

Cielos y campos
anudaban cadenas en mis manos.

Campos y cielos
azotaban las llagas de mi cuerpo.

X

GACELA DE LA HUIDA

A mi amigo Miguel Pérez Ferrero

ME he perdido muchas veces por el mar
con el oído lleno de flores recién cortadas,
con la lengua llena de amor y de agonía.
Muchas veces me he perdido por el mar,
como me pierdo en el corazón de algunos niños.

No hay noche que, al dar un beso,
no sienta la sonrisa de las gentes sin rostro,
ni hay nadie que, al tocar un recién nacido,
olvide las inmóviles calaveras de caballo.

Porque las rosas buscan en la frente
un duro paisaje de hueso
y las manos del hombre no tienen más sentido
que imitar a las raíces bajo tierra.

Como me pierdo en el corazón de algunos niños,
me he perdido muchas veces por el mar.
Ignorante del agua voy buscando
una muerte de luz que me consuma.

XI

GACELA DEL AMOR CON CIEN AÑOS

SUBEN por la calle
los cuatro galanes,
ay, ay, ay, ay.

Por la calle abajo
van los tres galanes,

ay, ay, ay.

Se ciñen el talle
esos dos galanes,

ay, ay.

¡Cómo vuelve el rostro
un galán y el aire!

Ay.

Por los arrayanes
se pasea nadie.

XII

GACELA DEL MERCADO MATUTINO

POR el arco de Elvira
quiero verte pasar,
para saber tu nombre
y ponerme a llorar.

¿Qué luna gris de las nueve
te desangró la mejilla?
¿Quién recoge tu semilla
de llamarada en la nieve?
¿Qué alfiler de cactus breve
asesina tu cristal?

Por el arco de Elvira
voy a verte pasar,
para beber tus ojos
y ponerme a llorar.

¡Qué voz para mi castigo
levantas por el mercado!
¡Qué clavel enajenado
en los montones de trigo!
¡Qué lejos estoy contigo,
qué cerca cuando te vas!

Por el arco de Elvira
voy a verte pasar,
para sentir tus muslos
y ponerme a llorar.

I

CASIDA DEL HERIDO POR EL AGUA

QUIERO bajar al pozo,
quiero subir los muros de Granada,
para mirar el corazón pasado
por el punzón oscuro de las aguas.

El niño herido gemía
con una corona de escarcha.
Estanques, aljibes y fuentes
levantaban al aire sus espadas.
¡Ay qué furia de amor, qué hiriente filo,
qué nocturno rumor, qué muerte blanca!
¡Qué desiertos de luz iban hundiendo
los arenales de la madrugada!
El niño estaba solo
con la ciudad dormida en la garganta.
Un surtidor que viene de los sueños
lo defiende del hambre de las algas.
El niño y su agonía frente a frente,
eran dos verdes lluvias enlazadas.
El niño se tendía por la tierra
y su agonía se curvaba.

Quiero bajar al pozo,
quiero morir mi muerte a bocanadas,
quiero llenar mi corazón de musgo,
para ver al herido por el agua.

II

CASIDA DEL LLANTO

HE cerrado mi balcón
porque no quiero oír el llanto,
pero por detrás de los muros
no se oye otra cosa que el llanto.

Hay muy pocos ángeles que canten,
hay muy pocos perros que ladren,
mil violines caben en la palma de mi mano.
Pero el llanto es un perro inmenso,
el llanto es un ángel inmenso,
el llanto es un violín inmenso,
las lágrimas amordazan al viento,
y no se oye otra cosa que el llanto.

III

CASIDA DE LOS RAMOS

POR las arboledas del Tamarit
han venido los perros de plomo
a esperar que se caigan los ramos,
a esperar que se quiebren ellos solos.

El Tamarit tiene un manzano
con una manzana de sollozos.
Un ruiseñor apaga los suspiros,
y un faisán los ahuyenta por el polvo.

Pero los ramos son alegres,
los ramos son como nosotros.
No piensan en la lluvia y se han dormido,
como si fueran árboles, de pronto.

Sentados con el agua en las rodillas
dos valles esperaban al otoño.
La penumbra con paso de elefante
empujaba las ramas y los troncos.

Por las arboledas del Tamarit
hay muchos niños de velado rostro
a esperar que se caigan mis ramos,
a esperar que se quiebren ellos solos.

IV

CASIDA DE LA MUJER TENDIDA

VERTE desnuda es recordar la tierra.
La tierra lisa, limpia de caballos.
La tierra sin un junco, forma pura
cerrada al porvenir: confín de plata.

Verte desnuda es comprender el ansia
de la lluvia que busca débil talle,
o la fiebre del mar de inmenso rostro
sin encontrar la luz de su mejilla.

La sangre sonará por las alcobas
y vendrá con espada fulgurante,
pero tú no sabrás dónde se ocultan
el corazón de sapo o la violeta.

Tu vientre es una lucha de raíces,
tus labios son un alba sin contorno,
bajo las rosas tibias de la cama
los muertos gimen esperando turno,

V

CASIDA DEL SUEÑO AL AIRE LIBRE

FLOR de jazmín y toro degollado.
Pavimento infinito. Mapa. Sala. Arpa. Alba.
La niña finge un toro de jazmines
y el toro es un sangriento crepúsculo que brama.

Si el cielo fuera un niño pequeñito,
los jazmines tendrían mitad de noche oscura,
y el toro circo azul sin lidiadores,
y un corazón al pie de una columna.

Pero el cielo es un elefante,
y el jazmín es un agua sin sangre
y la niña es un ramo nocturno
por el inmenso pavimento oscuro.

Entre el jazmín y el toro
o garfios de marfil o gente dormida.
En el jazmín un elefante y nubes
y en el toro el esqueleto de la niña.

VI

CASIDA DE LA MANO IMPOSIBLE

YO no quiero más que una mano,
una mano herida, si es posible.
Yo no quiero más que una mano,
aunque pase mil noches sin lecho.
Sería un pálido lirio de cal,
sería una paloma amarrada a mi corazón,
sería el guardián que en la noche de mi tránsito
prohibiera en absoluto la entrada a la luna.

Yo no quiero más que esa mano
para los diarios aceites y la sábana blanca de mi agonía.
Yo no quiero más que esa mano
para tener un ala de mi muerte.

Lo demás todo pasa.
Rubor sin nombre ya. Astro perpetuo.
Lo demás es lo otro; viento triste,
mientras las hojas huyen en bandadas.

VII

CASIDA DE LA ROSA

A Ángel Lázaro

LA rosa
no buscaba la aurora:
casi eterna en su ramo,
buscaba otra cosa.

La rosa
no buscaba ni ciencia ni sombra:
confín de carne y sueño,
buscaba otra cosa.

La rosa
no buscaba la rosa.
Inmóvil por el ciclo,
buscaba otra cosa.

VIII

CASIDA DE LA MUCHACHA DORADA

LA muchacha dorada
se bañaba en el agua
y el agua se doraba.

Las algas y las ramas
en sombra la asombraban,
y el ruiseñor cantaba
por la muchacha blanca.

Vino la noche clara,
turbia de plata mala,
con peladas montañas
bajo la brisa parda.

La muchacha mojada
era blanca en el agua,
y el agua, llamarada.

Vino el alba sin mancha,
con mil caras de vaca,
yerta y amortajada
con heladas guirnaldas.

La muchacha de lágrimas
se bañaba entre llamas,
y el ruiseñor lloraba
con las alas quemadas.

La muchacha dorada
era una blanca garza
y el agua la doraba.

IX

CASIDA DE LAS PALOMAS OSCURAS

A Claudio Guillén
niño en Sevilla

POR las ramas del laurel
vi dos palomas oscuras.
La una era el sol,
la otra la luna.
«Vecinitas», les dije,
«¿dónde está mi sepultura?
«En mi cola», dijo el sol.
«En mi garganta», dijo la luna.
Y yo que estaba caminando
con la tierra por la cintura
vi dos águilas de nieve
y una muchacha desnuda.
La una era la otra
y la muchacha era ninguna.
«Aguilitas», les dije,
«¿dónde está mi sepultura?»
«En mi cola», dijo el sol.
«En mi garganta», dijo la luna.
Por las ramas del laurel
vi dos palomas desnudas.
La una era la otra
y las dos eran ninguna.

ADÁN

ÁRBOL de sangre moja la mañana
por donde gime la recién parida.
Su voz deja cristales en la herida
y un gráfico de hueso en la ventana.

Mientras la luz que viene fija y gana
blancas metas de fábula que olvida
el tumulto de venas en la huida
hacia el turbio frescor de la manzana.

Adán sueña en la fiebre de la arcilla
un niño que se acerca galopando
por el doble latir de su mejilla.

Pero otro Adán oscuro está soñando
neutra luna de piedra sin semilla
donde el niño de luz se irá quemando.

SONETO

LARGO espectro de plata conmovida,
el viento de la noche suspirando
abrió con mano gris mi vieja herida
y se alejó; yo estaba deseando.

Llaga de amor que me dará la vida
perpetua sangre y pura luz brotando.

Grieta en que Filomela enmudecida
tendrá bosque, dolor y nido blando.

¡Ay qué dulce rumor en mi cabeza!
Me tenderé junto a la flor sencilla
donde flota sin alma tu belleza.

Y el agua errante se pondrá amarilla,
mientras corre mi sangre en la maleza
olorosa y mojada de la orilla.

EN LA MUERTE DE
JOSÉ DE CIRIA Y ESCALANTE

¿QUIÉN dirá que te vio, y en qué momento?
¡Qué dolor de penumbra iluminada!
Dos voces suenan: el reloj y el viento,
mientras flota sin ti la madrugada.

Un delirio de nardo ceniciento
invade tu cabeza delicada.
¡Hombre! ¡Pasión! ¡Dolor de luz! Memento.
Vuelve hecho luna y corazón de nada.

Vuelve hecho luna: con mi propia mano
lanzaré tu manzana sobre el río
turbio de rojos peces y verano.

Y tú, arriba, en lo alto, verde y frío,
¡olvídame! y olvida el mundo vano,
delicado Giocondo, amigo mío.

YO SÉ QUE MI PERFIL SERÁ TRANQUILO

YO sé que mi perfil será tranquilo
en el musgo de un norte sin reflejo.
Mercurio de vigilia, casto espejo
donde se quiebre el pulso de mi estilo.

Que si la yedra y el frescor del hilo
fue la norma del cuerpo que yo dejo,
mi perfil en la arena será un viejo
silencio sin rubor de cocodrilo.

Y aunque nunca tendrá sabor de llama
mi lengua de palomas ateridas
sino desierto gusto de retama,

libre signo de normas oprimidas
seré en el cuello de la yerta rama
y en el sinfín de dalias doloridas.

TENGO MIEDO A PERDER LA MARAVILLA

TENGO miedo a perder la maravilla
de tus ojos de estatua, y el acento
que de noche me pone en la mejilla
la solitaria rosa de tu aliento.

Tengo pena de ser en esta orilla
tronco sin ramas; y lo que más siento

es no tener la flor, pulpa o arcilla,
para el gusano de mi sufrimiento.

Si tú eres el tesoro oculto mío,
si eres mi cruz y mi dolor mojado,
si soy el perro de tu señorío,

no me dejes perder lo que he ganado
y decora las aguas de tu río
con hojas de mi otoño enajenado.

A CARMELA, LA PERUANA

UNA luz de jacinto me ilumina la mano
al escribir tu nombre de tinta y caballera
y en la neutra ceniza de mi verso quisiera
silbo de luz y arcilla de caliente verano.

Un Apolo de hueso borra el cauce inhumano
donde mi sangre teje juncos de primavera,
aire débil de alumbre y aguja de quimera
pone loco de espigas el silencio del grano.

En este duelo a muerte por la virgen poesía,
duelo de rosa y verso, de número y locura,
tu regalo semeja sol y vieja alegría,

¡Oh pequeña morena de delgada cintura!
¡Oh Perú de metal y de melancolía!
¡Oh España, oh luna muerta sobre la piedra dura!

A MERCEDES EN SU VUELO

UNA viola de luz yerta y helada
eres ya por las rocas de la altura.
Una voz sin garganta, voz oscura
que suena en todo sin sonar en nada.

Tu pensamiento es nieve resbalada
en la gloria sin fin de la blancura.
Tu perfil es perenne quemadura;
tu corazón, paloma desatada.

Canta ya por el aire sin cadena
la matinal fragante melodía,
monte de luz y llaga de azucena.

Que nosotros aquí de noche y día
haremos en la esquina de la pena
una guirnalda de melancolía.

EL POETA PIDE A SU AMOR
QUE LE ESCRIBA

AMOR de mis entrañas, viva muerte,
en vano espero tu palabra escrita
y pienso, con la flor que se marchita,
que si vivo sin mí quiero perderte.

El aire es inmortal. La piedra inerte
ni conoce la sombra ni la evita.
Corazón interior no necesita
la miel helada que la luna vierte.

Pero yo te sufrí. Rasgué mis venas,
tigre y paloma, sobre tu cintura
en duelo de mordiscos y azucenas.

Llena, pues, de palabras mi locura
o déjame vivir en mi serena
noche del alma para siempre oscura.

V. LLANTO POR IGNACIO SÁNCHEZ MEJÍAS

1

LA COGIDA Y LA MUERTE

A las cinco de la tarde.
Eran las cinco en punto de la tarde.
Un niño trajo la blanca sábana
a las cinco de la tarde.
Una espuerta de cal ya prevenida
a las cinco de la tarde.
Lo demás era muerte y sólo muerte
a las cinco de la tarde.

El viento se llevó los algodones
a las cinco de la tarde.
Y el óxido sembró cristal y níquel
a las cinco de la tarde.
Ya luchan la paloma y el leopardo
a las cinco de la tarde.
Y un muslo con un asta desolada
a las cinco de la tarde.
Comenzaron los sones del bordón

a las cinco de la tarde.
Las campanas de arsénico y el humo
a las cinco de la tarde.
En las esquinas grupos de silencio
a las cinco de la tarde.
¡Y el toro solo corazón arriba!
a las cinco de la tarde.
Cuando el sudor de nieve fue llegando
a las cinco de la tarde,
cuando la plaza se cubrió de yodo
a las cinco de la tarde,
la muerte puso huevos en la herida
a las cinco de la tarde.
A las cinco de la tarde.
A las cinco en punto de la tarde.

    Un ataúd con ruedas es la cama
a las cinco de la tarde.
Huesos y flautas suenan en su oído
a las cinco de la tarde.
El toro ya mugía por su frente
a las cinco de la tarde.
El cuarto se irisaba de agonía
a las cinco de la tarde.
A lo lejos ya viene la gangrena
a las cinco de la tarde.
Trompa de lirio por las verdes ingles
a las cinco de la tarde.
Las heridas quemaban como soles
a las cinco de la tarde.
y el gentío rompía las ventanas
a las cinco de la tarde.
A las cinco de la tarde.
¡Ay qué terribles cinco de la tarde!
¡Eran las cinco en todos los relojes!
¡Eran las cinco en sombra de la tarde!

2

LA SANGRE DERRAMADA

¡QUE no quiero verla!

Dile a la luna que venga,
que no quiero ver la sangre
de Ignacio sobre la arena.

¡Que no quiero verla!

La luna de par en par.
Caballo de nubes quietas,
y la plaza gris del sueño
con sauces en las barreras.

¡Que no quiero verla!
Que mi recuerdo se quema.
¡Avisad a los jazmines
con su blancura pequeña!

¡Que no quiero verla!

La vaca del viejo mundo
pasaba su triste lengua
sobre un hocico de sangres
derramadas en la arena,
y los toros de Guisando,
casi muerte y casi piedra,
mugieron como dos siglos
hartos de pisar la tierra.
No.
¡Que no quiero verla!

Por las gradas sube Ignacio
con toda su muerte a cuestas.
Buscaba el amanecer,
y el amanecer no era.
Busca su perfil seguro,
y el sueño lo desorienta.
Buscaba su hermoso cuerpo
y encontró su sangre abierta.
¡No me digáis que la vea!
No quiero sentir el chorro
cada vez con menos fuerza;
ese chorro que ilumina
los tendidos y se vuelca
sobre la pana y el cuero
de muchedumbre sedienta.
¡Quién me grita que me asome!
¡No me digáis que la vea!

No se cerraron sus ojos
cuando vio los cuernos cerca,
pero las madres terribles
levantaron la cabeza.
Y a través de las ganaderías,
hubo un aire de voces secretas
que gritaban a toros celestes,
mayorales de pálida niebla.
No hubo príncipe en Sevilla
que comparársele pueda,
ni espada como su espada,
ni corazón tan de veras.
Como un río de leones
su maravillosa fuerza,
y como un torso de mármol
su dibujada prudencia.
Aire de Roma andaluza
le doraba la cabeza
donde su risa era un nardo

de sal y de inteligencia.
¡Qué gran torero en la plaza!
¡Qué buen serrano en la sierra!
¡Qué blando con las espigas!
¡Qué duro con las espuelas!
¡Qué tierno con el rocío!
¡Qué deslumbrante en la feria!
¡Qué tremendo con las últimas
banderillas de tiniebla!

        Pero ya duerme sin fin.
Ya los musgos y la hierba
abren con dedos seguros
la flor de su calavera.
Y su sangre ya viene cantando:
cantando por marismas y praderas,
resbalando por cuernos ateridos,
vacilando sin alma por la niebla,
tropezando con miles de pezuñas
como una larga, oscura, triste lengua,
para formar un charco de agonía
junto al Guadalquivir de las estrellas.
¡Oh blanco muro de España!
¡Oh negro toro de pena!
¡Oh sangre dura de Ignacio!
¡Oh ruiseñor de sus venas!
No.
¡Que no quiero verla!
Que no hay cáliz que la contenga
que no hay golondrinas que se la beban.
no hay escarcha de luz que la enfríe,
no hay canto ni diluvio de azucenas,
no hay cristal que la cubra de plata.
No.
¡¡Yo no quiero verla!!

CUERPO PRESENTE

LA piedra es una frente donde los sueños gimen
sin tener agua curva ni cipreses helados.
La piedra es una espalda para llevar al tiempo
con árboles de lágrimas y cintas y planetas.

Yo he visto lluvias grises correr hacia las olas
levantando sus tiernos brazos acribillados,
para no ser cazadas por la piedra tendida
que desata sus miembros sin empapar la sangre.

Porque la piedra coge simientes y nublados,
esqueletos de alondras y lobos de penumbra;
pero no da sonidos, ni cristales, ni fuego,
sino plazas y plazas y otras plazas sin muros.

Ya está sobre la piedra Ignacio el bien nacido.
Ya se acabó; ¿qué pasa? Contemplad su figura:
la muerte le ha cubierto de pálidos azufres
y le ha puesto cabeza de oscuro minotauro.

Ya se acabó. La lluvia penetra por su boca.
El aire como loco deja su pecho hundido,
y el Amor, empapado con lágrimas de nieve,
se calienta en la cumbre de las ganaderías.

¿Qué dicen? Un silencio con hedores reposa.
Estamos con el cuerpo presente que se esfuma,
con una forma clara que tuvo ruiseñores
y la vemos llenarse de agujeros sin fondo.

¿Quién arruga el sudario? ¡No es verdad lo que dice!
Aquí no canta nadie, ni llora en el rincón,
ni pica las espuelas, ni espanta la serpiente:
aquí no quiero más que los ojos redondos
para ver ese cuerpo sin posible descanso.

Yo quiero ver aquí los hombres de voz dura.
Los que doman caballos y dominan los ríos:
los hombres que les suena el esqueleto y cantan
con una boca llena de sol y pedernales.

Aquí quiero yo verlos. Delante de la piedra.
Delante de este cuerpo con las riendas quebradas.
Yo quiero que me enseñen dónde está la salida
para este capitán atado por la muerte.

Yo quiero que me enseñen un llanto como un río
que tenga dulces nieblas y profundas orillas,
para llevar el cuerpo de Ignacio y que se pierda
sin escuchar el doble resuello de los toros.

Que se pierda en la plaza redonda de la luna
que finge cuando niña doliente res inmóvil:
que se pierda en la noche sin canto de los peces
y en la maleza blanca del humo congelado.

No quiero que le tapen la cara con pañuelos
para que se acostumbre con la muerte que lleva.
Vete, Ignacio: No sientas el caliente bramido.
Duerme, vuela, reposa: ¡También se muere el mar!

ALMA AUSENTE

NO te conoce el toro ni la higuera,
ni caballos ni hormigas de tu casa.
No te conoce el niño ni la tarde
porque te has muerto para siempre.

No te conoce el lomo de la piedra,
ni el raso negro donde te destrozas.
No te conoce tu recuerdo mudo
porque te has muerto para siempre.

El otoño vendrá con caracolas,
uva de niebla y montes agrupados,
pero nadie querrá mirar tus ojos
porque te has muerto para siempre.

Porque te has muerto para siempre,
como todos los muertos de la Tierra,
como todos los muertos que se olvidan
en un montón de perros apagados.

No te conoce nadie. No. Pero yo te canto.
Yo canto para luego tu perfil y tu gracia.
La madurez insigne de tu conocimiento.
Tu apetencia de muerte y el gusto de su boca.
La tristeza que tuvo tu valiente alegría.

Tardará mucho tiempo en nacer, si es que nace,
un andaluz tan claro, tan rico de aventura.
Yo canto su elegancia con palabras que gimen
y recuerdo una brisa triste por los olivos.

ÍNDICE

POEMAS Y CANCIONES

(De LIBRO DE POEMAS y CANCIONES)

II. ANDALUCÍA MÍTICA

(Canciones populares, POEMAS DEL CANTE JONDO y ROMANCERO GITANO)

III. EL CICLO DE NUEVA YORK

(De POETA EN NUEVA YORK
y poemas sueltos relacionados)

GRITO HACIA ROMA

(Desde la torre del Chrysler Building)

IV. GACELAS, CASIDAS Y SONETOS

(De DIVÁN DEL TAMARIT y sonetos)

V. LLANTO POR IGNACIO SÁNCHEZ MEJÍAS